강속구 심장

이승원
시집

문예
중앙
시선
010

강속구 심장

이승원
시집

문예
중앙

시인의 말

具玉蓮, 朴海玉, 李昭侖, 李枝珉. 네 명의 여성에게.
남들은 모르는 내 비탄과 격분과 열규와 광란을 목도한,

차례

I부

그 거리 12
폐허의 섬 파르티타 15
녹턴과 세레나데 17
강속구 심장 19
밀실을 벗어나 21
천칭좌의 해체적 교감 관광쇼 23
연옥 영웅교향곡 26
야간 고속버스 스테레오 일대작 29
끝나지 않는 노래 32
와상문 35
E대생을 위한 발라드 37
서울과 겨울 39
무책임한 함박눈 40
낙진 41
어제에서 42
인더스트리아의 시민 44
동쪽 도시 47

2부

피카레스크에서 온 남자 50
나대지의 새소년과 기린아 53
회현소녀대 55
흡혈의 성 59
마이클 제라드 타이슨 62
디에고 아르만도 마라도나 64
21세기 에레보스 66
음악이 있는 곳에 나 있네 68
현대라는 어휘에 대한 단상 70
수상한 장소, 창백한 냄새 73
빅타임 브러더스의 세계 75
비의 은신처 78
Plan B 80
넥스텔 83
137억년과 100분쇼 85
미야자키 쓰토무의 방 89
285번지의 차고 91
102번지의 흉가 92

3부

Super moon 96

20세기 명주택선집 99

수선화의 밤 100

피 102

고택 104

오즈의 앨리스 106

황홀한 진리 108

단애 109

가족 게임 110

고르디우스의 매듭 112

빨간 고무장갑 114

$E=MC^2$ 116

카고 컬트와 달콤한 수채 118

외치다 그리고 속삭이다 121

밤은 젊고 그도 젊었다 122

다락방의 불빛 123

낙원 아파트 15층 124

재주를 죽이려면 사랑을 126

세계의 근원 128

해설 이승원과 소년시대! · 성기완 130

일러두기

한 연이 첫 번째 행에서 시작될 때는 >로 표시합니다.

I부

그 거리

그 거리에서 소년은
책갈피 사이에 조심스레 음경을 밀어 넣고
취하는 법을 배운다
소년은 그 거리에서
벽에 기대어 서고 철망 너머를 소리치고
벌거벗은 남자가 붉게 매달린 회당을 등진다
국기에 대한 경례를 하고 차갑게 국기에 대해 맹세한다

그 거리에서 소년은
카우보이모자와 베레모를 보고
부르카를 쓴 부인과 토끼소녀를 본다
배배 꼬이게 땋은 머리칼을 보고 찢어진 바지를 본다
소년은 그 거리에서
드럼을 치고
변화 중인 여자아이를 만나
맑게 삐걱이는 매트리스의 탄력을 맛본다
술과 기침약을 섞어 마시고 입술이 부르튼다

〉 그 거리에서 소년은
울다가 잠이 들고
꿈을 꾸고
울다가 잠이 깨고
일어나 일기를 쓴다
소년은 그 거리에서
가슴이 울렁거리고 가슴이 두근거리고
날카롭게 속이 쓰리고 둔탁하게 위경련을 한다

그 거리에서 소년은
자신도 모르는 사이 태어났고
노인으로 죽어갈 것을 절감한다
일부러 땀 흘리며 춤을 추고
억지로 춤을 추고 땀을 흘린다
소년은 그 거리에서
다시 취하고
이가 비스듬히 부서지고 칼과 깨진 유리에 찔리고
반영구적인 흉터를 부여받는다

상처에 물감을 넣고 색안경을 쓴다

그 거리에서 소년은 낯선 사람을 미워하고
잘 모르는 사람도 미워하고
곁에 있지도 않은 사람을 미워하고 이젠 옆에 없는 사
람을 미워한다
소년은 그 거리에서 갖고 싶은 것들이 많고
가진 것을 더 원하고 가진 것을 다시 원하고
가질 수 없는 것을 원하고 세상에 없는 것을 저리게 원
한다

폐허의 섬 파르티타

건물의 사체가 먼지를 머금고 아직 직립해 있을 때
썩지 않는 생선 꼬리를 맡으며
나는 누구의 이름을 생각해냈던가

인공물이 자연에 근접하며 낡아간다 지워지고 흔들리며

지붕은 속살이 드러나
그곳에선 빤히 혼자라는 게 허기처럼 떠오르고
태양계를 벗어나는 탐사선처럼
깊은 수심 속으로 내려가는 죽음을 상상한다

살마다 녹슨 새장은 스스로를 속박한다

들떠 일어난 천장의 페인트가 나방처럼 날개를 젓고
버려진 스패너들 검어진다 네 얼굴처럼

묽게 칠한 그의 아랫도리가 가리고 있는

두 개의 흐린 눈은
언제를 기억해내려 했던가

해가 흘린 피를 유리창이 반사한다

광택을 잃은 구층 아파트의 허물어지는 베란다
느리게 몸을 열고
거품을 무는 바다에서 새가 제 흰색을 공중에 그린다

짙은 물이 고인 거대한 욕조 바닥
마개를 뽑을 때 들리는 비명 소리는 언제나 물리지 않았지만
 더럽혀진 젖은 손가락은 결국 어디를 가리켰는가

녹턴과 세레나데

 나는 사랑과 기대의 시선을 등지고 밤거리를 선택한 아들 날이 어두워질수록 밝아지는 족속 붉게 충혈된 눈과 길쭉한 옥니를 지녔다 신성과 경건을 부정하지만 경의를 표하는 척 쇼할 수 있다 사람을 믿어서는 안 되고 사람을 존경해서는 더욱 안 된다 저것은 여의주와 연금술 영원과 천국 말하자면 온통 새카만 거짓이다 폭포는 잠시 보면 시원하지만 근처로 이사하면 음향 고문이 시작된다 튈리르 궁전 앞 스위스 용병처럼 의미 없고 어리석으며 중요한 일을 하는 남자 잔치에서 돌아오면 묵은 술과 낡은 책은 상처를 씻는 향긋한 비누 친구가 많아도 외로운 척 욕심이 많아도 초연한 척 망상을 피력하며 녹물을 빨대로 마시며 녹물 소비자를 비판하는 고독하고 고결한 사람 일신의 영달을 위해 야생의 존엄을 잃은 개들 더러운 프러포즈 따위 어린아이가 성인에게 끼치는 악영향은 지대하다 리얼리즘에 마술적 요소가 있을까 학문과 예술이 우물파기와 유사성을 주장했다 벚꽃놀이와 불꽃놀이 보름달과 해돋이의 구경꾼들 천동설을 버리고 고통의 진언을 한 자루의 총과 무응답에 관하여 사랑

스러운 돈에 대하여 틀에 박히지 않는 자의 왜 이곳인가
라는 절실한 의문을 도시 북쪽으로 가면 벌레의 신비에
사로잡힌 고딕소설 같은 마을도 있다지만

강속구 심장

 거리가 얼고 있는데 햇살 아래 꽃이 터져 나온다 가을 아침인지 여름 저녁인지 분간하기 힘든 시간들 합정동 외국인 묘지 비석 사이에 거대한 거미집

 내가 사는 도시 우울한 불빛과 새하얀 남루가 골목마다 녹아 흐르는 타일에 묻은 수증기 미끈거리는 비누 등이 예쁜 여자 나이는 언제 광란의 밤이라는 프랑스 노래 과잉으로 듣는 이를 유쾌한 수치로 물들이는 제목

 긴 머리에 잠옷 입은 여자를 두려워할 줄 알아야 한다 집이 괴물이라는 게 새로운 담론인가 해가 떠오르면 성장(盛裝)을 하고 바삐 집을 나서는 시민들 사랑한다는 말은 아주 쉽다 문제는 사랑이지 사랑은 난제다 아버지 덕에 고도성장하는 애들은 김가나 이가나 마찬가지

 스위스인들은 시계를 만들고 남한에선 휴대전화기 지구상의 모든 직업은 매춘업이다 어릴 때 별명은 돼지나 원숭이었는데 지금 것이 훨씬 좋다 미친놈 그리고 중학

생 지향점과 어울리거든 색에는 모쪼록 일가견이 있다

　형들 이제 거짓말 좀 그만해 어디서 심하게 코를 고는 소리가 들려 위선은 지식인의 화사한 휘장 나란 게 여기까지 들어오도록 막질 못했잖아 북한에선 공개처형 감인데

　나무에 떡이 열린다는 일본 속담 관능으로 읽는 이에게 설레는 미소를 짓게 하는 문장 예수가 여자였다면 성당 인테리어는 맑은 날 항구에서 아무나 기다리는 기분 같겠지 명왕성은 국제천문학회에 관심 없다 그들끼리 찧고 까불고

　핵탄두를 가지고 싶은 자도 설산 봉우리에 오르는 자도 심장이 심하게 요동치기 때문에 미녀들과 순차적으로 만나면서 역경과 비탄의 고비를 타개해나갔던 몽파르나스 묘지의 골초 세르주 갱스부르처럼

밀실을 벗어나

밤이 날개를 펼 때마다 먼 길을 떠나는
미적 모험

1994년 혹은 1995년에 세종문화회관 계단에서 친구가 저주를 걸었다
넌 절대로 텔레비전에 출연하지 못할 거다•

우리가 무엇인지 궁금해 문을 열고 나왔지만 거실에 우리는 없었다
광장에도 지하철에도 각각의 '나'만 굽이쳤다

힘을 빼라니 그런 말은 요점을 통 모르겠어
루게릭병을 추구하나
힘이 빠진 그림은 보는 사람마다 힘을 빼고 존다
과잉의 범람에 압도당하고 싶다

• 장 자끄 상뻬, 『사치와 평온과 쾌락』

＞

  실연의 테마는 난립해도 어머니 잘못 만나 상처받은
이야기는 품귀다

  '요즘 젊은이들은' 이라며 서두를 꺼내는 비둘기는 실
패다
  의식의 흐름과 자동기술로 이루어진 주정
  자신의 패배를 이용하지 마라

  침대에서 모자 쓰고 책 읽기보다는
  자전거를 버리고
  빨간 결막염의 눈으로 뿔 달린 가면을 쓰고 가자
  치졸하고 무모한 격정이
  숲에서 나무에 동화된 식물인간보다 탐스럽다

  진짜 술은 단 두 가지 안동소주와 보드카
  정곡을 찌르는 원초 감각적인 딸꾹질
  나태와 향락을 권장하는 곳이 바로 이상국가다

천칭좌의 해체적 교감 관광쇼

깨진 거울에 비친 얼굴
과거를 흑백으로 보여주는 기법
낡은 수작이다 키스만은 않는다는 누구처럼
세계는 늘 다양한 색이 난무했다

배가 머무는 장소에는 외국 선원들의 술집과 중국인 거리가 있다 기차가 닿는 곳의 가게들은 붉은 등을 올린다

예인들은 아름다운 여성이 파멸하거나 멸망을 불러들이는 이야기를 즐긴다 사실 미녀는 잠시 반짝거리다가 그저 지루하게 변해간다

다시 생각해보면 —그게 느린 파국일 수도 있겠다

화를 내며 탁자를 친다면 당신은 이미 늙어버린 것이다
신앙이 생겼다 심장 박동수 일정의 법칙을 믿기 시작했다

>

학교 군대 그런 건 모른다
천재는 아니지만 백만 명 중에 한 명이지
교실과 내무반에서 입술과 혀는 잠시 잠을 잔다

내게도 사상이란 것이 있다면
실패한 직선적 프리섹스주의자

백마 탄 왕자라 층층이 미개한 놈이 아닌가
바쁘다는 게 출퇴근은 아니고
닥치는 대로 약을 하고 아무하고나 자고
자살하는 거다

화교는 주방 안에 갇혀 있다
보호구역의 아메리카 원주민처럼
선원이 난잡한 건 잠시다 배와 바다에 묶여 있다

항구의 주점 역전 사창가
하늘 아래 잡스러운 남녀가 모인 푸른 장소

>

불구를 이기고 춤춰라 그리고 시체가 되라
두뇌를 해방시키고 심장을 해제시켜라

두레박이 되어 우물물을 퍼 올리는 머리
깨진 거울에 반사되는 유방을 본 일이 있다
저 별자리들 이제는 사라진 환영이다
다시 남의 허벅지로 쓰는 일기처럼

연옥 영웅교향곡·

머리 검은 여자가 아치형 천장 아래로 걸어간다
하얀 화면에 드리운 어두운 자막
기둥이 흐른다
이것은 빛의 세례다
장면 밖에서 들리는 목소리가 불길하다
폐허엔 흉가가 제격이듯 상처받은 마음은 방탕을 따랐다

들판과 공장 지대 항만의 하역장에 모인 사람들
만장들 아래에서 선택은 우연의 산물인 것을 아직 깨닫지 못했다
환풍기가 꽃봉오리보다 아름답다

혁명이 실패한 뒤의 무기력한 날씨
한 시절이 끝나는 소리
구름 속을 헤매다 병실에서 죽을 운명

• 요시다 기주 감독의 영화 〈煉獄エロイカ〉, 일본, 1970년

\>

 검은 머리 여자는 넓은 중정(中庭)을 가로지른다
 암흑에 뜬 환한 구멍
 이것이 빛의 공해다
 그을린 얼굴에 번뜩이는 흰자위
 너희들은 널리 보급되어 있다

 고깔모자를 쓰고 케이크를 자르곤 발로 치는 피아노 건반
 저 달콤한 춤곡이란 그저 노예들의 합창인가
 눈물과 코딱지의 차별에 반대하는

 두 가지 길이 있다
 금강산 신성봉의 낙락장송과
 숭례문시장의 씨레이션 상자
 배가 고프면 피는 머리로 몰린다

 인간은 가난한 상태로 태어나
 가난한 상태로 죽으며

그사이 부유하다고 착각한다

머리 검은 여자와 검은 머리 여자가
교각에서 마주쳐 걸으며 외면한다

공터에 덩그렇게 섰다가 사각형의 귀퉁이로 걸어간 남자는
유죄를 선고받고 무형의 교수대로 끌려간다

야간 고속버스 스테레오 일대작

귀가 수상한 골로 어지럽게 조형돼 있다
창문이 열리지 않는다
땀이 늘어난다

솔미 솔미 솔미
미미솔 도미 라솔미도
미미솔 도시 라시라시도

난 지금 뭘 할까
방 안이 몇 년째 달린다

밤의 아침
쪽지를 펴면 실내가 어두워진다
그럴 때가 있다
바퀴는 구르기 위해서가 아니라
소리를 내려고 태어났는지

풍선도 솜사탕도 싫었다

언제나 월요일을 좋아했었지
저녁 여섯시에 자리에서 일어났다

눈이 명분과는 다르게 보지 않으려 한다
여자의 비명처럼 예리한 운지법을 찾아
스무 살에서 스물다섯까지 놀았지

파미레 도도 파미레 라라
시미레 도도 시미레
파미레미 파미레도

이건 남의 곡을 베낀 거라고 생각해
다들 북소리를 좋아해서 빚어진 일
피아노가 괴물이라고 말했던 아이들은
비평가가 될 수 있었다

방 안에서 코끼리는 송아지만 해지고
쥐는 강아지만 해졌다

누군가의 육 년은 다른 사람들의 한 달
누군가의 일 년은 다른 사람들의 십 년
시간이 구렁텅이로 빨려 들어가고 있다

끝나지 않는 노래

원피스 수영복이 멸종한 해안선을
군복을 입고 걸었다
신생대 말기부터 근처에 산이 자리한 해변
모래로 진나라 시황제의 흉내를 내는 아이들
구두 속으로 모래알이 스며들었다

환한 때에 보리로 만든 술을 마시며 시간을 굴려본다
낯선 방에서 전신마취 같은 졸음이 서럽게 쏟아졌다

아버지와 스승은 신사년(辛巳年)생 동갑이며
어려서 어머니를 여의고
성장한 뒤 서울에 정착한
법대 출신 경상도 남자들이다
별 의미는 없다

부산에 살면서 딸이 셋 있는 인생이라면 좋겠다
수족관 속의 활달한 세계처럼
그녀들은 종종 피해자로 때론 가해자로

대부분 방관자로 살아가겠지

잡지의 화보를 오리면서 긍지를 가지는 여자라니
나쁘지 않을 것 같다
눈을 가린 앞머리와 함께라면

전에는 서로 원수로 지내던 헤롯과 빌라도가
바로 그날에 서로 친구가 되었다•
이슬 맺힌 영롱한 거미줄
협잡이 인간을 구원한다

엔카가 사라지자 이제 컨트리 웨스턴이 울리는 이곳에서
상송도 대안은 아니다
사방에서 오성홍기를 휘두르며 몰려나오는 광경

• 루카 23장 12절

﹥
　명왕성에서 지구를 보면 작은 티끌이라는데
　내겐 대륙과 바다 대부분이 미지의 장소다

　일생은 국지전으로 구성되어
　조건 없는 항복으로 끝난다

와상문

 폭설과 강풍에서 비 오는 봄까지 밤은 긴 복도를 따라갔다 오래된 시민아파트단지 관을 닮은 엘리베이터의 하강 계절이 굽이진 해안도로처럼 몸을 틀자 입안이 바짝 마르고 입술이 찢어졌다 때로 모든 것은 거침없이 다시 돌아오고 혜화동 방소아과 흰빛이 도는 제복 회색 그림자 울음이 터져 말이 될 때 먼지가 묻은 맨발 갯벌처럼 찐득한 운동장 헌팅캡을 쓴 소년들은 탐험가이자 약탈자 사냥꾼이자 파괴자 싸구려 도넛과 뜨거운 간자장면으로 만든 괴물 감기약의 몽환이 주는 객관으로 나무가 뿌리째 뽑혀 부양했다 조개탄과 검게 반질거리는 벽돌색 옷소매를 노래하는 꽃노을 창가에서 10분 동안의 완벽한 구절 차가운 토요일 오후 검은 커튼이 쳐진 동굴 전화를 받는 행위는 고된 노동만큼 불길했다 넓은 잔디밭을 동경하며 독서록을 적는 아침 유복하게 성장한 사람과 풍상과 역경을 통과한 사람이 친해지는 이야기를 좋아해 일체의 세계를 대입했지만 칼국수 반주로 위스키 병에 담긴 인삼주를 마시며 한순간에 매립되었다 살충제 세례를 받고도 날았지만 오늘 실패했지 다음 생이 있다면 성공하도록 노란 옥수수와 노란 바나나는 식탁 위에서 시들어갔다 육체는 존재의 채무 도망칠 곳이 없는 나는 구두나 모으기 시작했다

E대생을 위한 발라드

경의선 철길 위 충정교에서
프랑스 대사관의 뒤태를 훔쳐보다
왕을 처형하는 기분을 상상한다
왕궁에 사는 사람들은 월급쟁이와는 다른 욕망
투신한 열여덟 살 소녀와는 다른 슬픔을 가지고 있다

모나리자를 보러 가는 것에 원숭이를 보러 가는 것보다
더 큰 의미를 부여한다면 아직 촌티를 못 벗은 증거
슬픔과 욕망이 변이된 괴물을 죽이는 건
혁명이 아니고 게임이다

아현고가로 하단 세 군데에 빨갛게
'클라쎄 은주'라고 쓰여 있다
내가 알던 은주는 세 명인데
모두 고집이 센 여자들이었지
클라쎄와 은주의 이미지는
서로 충돌하며 조화롭다

>
임신부는 그야말로 꿈으로 부풀어 있다
경이로운 벚꽃의 과잉 탐스러운 목련의 포만
봄엔 숨어 있던 꽃과 뱀이 나오고
가을은 이제 천사의 창자처럼 실체가 없어졌다
그리고 나이 든 창녀 얼굴은
초여름 일요일 오후처럼 나른하다

어째서 포주 따윌 엄마라고 부르는가
새벽의 파란 종이와 저녁의 빨간 종이
양화대교 북단에 담쟁이를 머금은 호텔
그곳에 가고 싶다
차량 제한 높이 2.4미터
무리에게 따돌려져 배고픈 쥐는 지상에 올라와
개와 사람에게 살해당한다
이제 지독한 겨울

서울과 겨울

1월의 아침
텅 빈 고가와 기찻길이 쉬고 있다
휴일의 차가운 보도 입을 다문 상가
야구 모자를 쓰고 간판과 횡단보도를 번갈아 본다
아무도 없는 거리에 쨍한 녹색불이 켜진다
빛은 아파트 베란다에 내려 그림자를 만들고
창이 잠시 반짝인다
출구 팔백 미터 제한속도 육십 킬로미터
아홉시 사십오분
회색빛 하늘과 먼지의 냄새
잎 달린 가지가 없다 강이 계속 반짝인다
고압선이 얽힌 전신주 옆 넘어진 자전거
즐거운 내리막길에서 슬픈 내리막길로

어제 내렸던 눈이 모두 증발하고 불이 꺼졌다
어두운 극장 안 비상구 표시가 푸르게 빛난다

무책임한 함박눈

 밤의 텅 빈 도시 손금이 체온이 되었다고 보안안내서에 나온다 봄이 대수인가 낡은 석탑에서 미신과 탐욕을 보았다 노골적인 주제가를 배경으로 다시 눈이 내리고 신발의 흰색 자동차의 흰색 눈길의 흰색 깃발의 흰색 욕망에 들뜬 여자애처럼 빛을 반사하는 분수의 흰색 거짓말하는 어린이를 벌주지 마라 그는 언어 운용 기술을 터득했다 이민자들의 거리에선 저렴한 간판과 일시적 생활 사이로 술에 젖은 손가락이 주먹으로 변한다 명성에 도취한 젊은이처럼 빛을 머금은 박살 난 유리조각 의자 붉은 의자 손으로 만든 붉은 의자 내 손으로 만든 붉은 의자 지난가을 내 손으로 만든 붉은 의자 등받이가 십자 모양인 지난가을 내 손으로 만든 붉은 의자 여신을 본 자가 있는가 그녀는 아름다운 사람의 형상이 아니라 핏발 선 거대한 안구나 날개 달린 문어일 것이다 봄이 와도 별수 없겠지 자 이제 폭설 납작해진 쥐의 시체를 보며 옛 친구를 떠올렸다

낙진

오래도록 붙잡혀 있었네 춤추는 무대 앞 철시한 밤의 상가나 음식점들의 거리에서 오지 않는 차를 고대하며 정류장에 선 이방인처럼 명동 이태원 서울역 노량진 다시 명동을 배회하는 행인처럼 해마다 똑같은 봄이 오면 그곳에

먼지가 이는 운동장 차가운 밥과 반찬들 가슴을 쥐어짜는 일요일과 얼굴들 그리고 새봄 같은 월요일 아침 발판이 솟은 자리에 앉아 안도하는 승객처럼 *나무 꼭대기의 구멍에서 호두를 베개 삼아 꾸벅꾸벅 졸면서 봄을 기다리고 있는 다람쥐처럼*•

번진 눈화장 같은 고궁 왕들이 말미암은 비극 정복자들이 내부에 설치한 동물원 시간은 돌고 돌아 겨울이 아주 간 줄 알고 식물의 생식기를 보며 웃는 사람들 골목길을 지나 바알간 빛의 숙박업소 간판을 찾은 남녀와 같이 해마다 월요일 아침처럼 봄이 오면

• 무라카미 하루키, 『댄스 댄스 댄스』

어제에서

어두운 칸막이 사이에서 모두 입을 맞추고 있을 때
슬며시 탁자에 잔을 놓고 돌아섰다

몽상 속 거대로봇을 타고 시청을 부수는 일
오래된 맥주 찌꺼기 냄새가 흐르는 주방에서

따가운 입술에 피가 스미고 소매는 때 묻어 윤나고
구름이 모양을 바꾸자 빛이 구름 사이로 숨었다

어질러진 방 아늑하고 작은 공화국
전망대처럼 항공기처럼 모든 걸 내려다본다

쉽게 생각한 인생 어렵게 생각한 허벅지
그즈음 옷을 입고 계단을 지나 시내에 나갔다

침묵 속에서 시곗바늘은 계속 오른쪽으로 돈다
비웃음은 웃음과도 울음과도 다르다

〉

　많은 사람들 이야기와 한숨 사이 꽃이 돋아나고
　눈치와 상상 사이 첫눈이 떨어지고

　해체된 소 닭 돼지의 주검
　싫어서 술을 마셨다 종국에는 술도 싫어졌다

　버스가 토해내는 매연이 모직 코트를 적신다
　청진기를 생각하자 병적인 청진기의 집착을 떠올리자

　많은 사람들 셀 수 없는 입맞춤 입술이 젖는다
　인생은 두렵고 허벅지가 살짝 잔디밭을 지나간다

인더스트리아의 시민

 골목에 이어진 계단
 그늘이 지고 고요하다가
 교복을 입은 소년 소녀의 무리가 몰려나오자 생기가 돈다
 시내버스는 고가를 내려간다
 열일곱이나 열아홉은 미숙하지만 새의 날개 같은 나이다
 그다음 육체는 그늘진 계단이거나 고가를 내려가는 일만 남는다

 스쿠터를 타던 남자가 앰뷸런스를 후미에서 들이받았다
 피를 흘려 더러워졌다 아니 더러워 보인다
 새로 구급차를 부를 것인가 상처를 준 차에 합승할 것인가

 예전엔 고등학교였던 도서관의 정원에
 오키나와 번호판을 달고 있는 혼다 훌리오

피처럼 붉은 스쿠터가 주차되어 있다
도서관 식당에 앉아 삶은 달걀을 깐다
조리 방법은 단호하고 모양은 관능적인 타원형 알

초등학생 때 일요일이면 백화점 식당에서
어린이 런치라는 이름의 음식을 먹었지
부드러운 생선 커틀릿과 타르타르 소스와
포장지에 햄버거 스테이크 양념이 묻은 연유 캔디가
나왔다
사탕은 삶은 달걀 같았다 아니 더러워 보였다

그 시절 뺑뺑이란 의류 상표가 있었다
피처럼 붉은 훌리오를 만나고픈 여성을 위한 뺑뺑

책 수만 권을 읽어봤자 별것 없다
많은 사람과 성교한 게 업적이 아니듯
돈만 밝히는 이는 천박한 것처럼

>
　연막소독차가 지나간다 연막소독차는 잔존한다

　일본대사관 앞에는 도서영유권 분쟁에 항의하는 시위
대가 있다
　길 건너편에서 무심히 관망하는 내 귓속에 든 이어폰
　크게 속삭이는 야마구치 모모에(山口百惠)의 노래
　관능적이고 단호했던

동쪽 도시

선로를 미끄러지는 기차의 긴 육체
길은 어디로 향하는가
굴뚝에서 연기를 피우지 않는 발전소가 강물에 반사된다

낮게 모인 집들 사이에 솟은 육십 층의 기립
청회색의 하늘 아래 도심의 타워
새로운 건물들과 지워지는 건물들이
만드는 싸늘한 그늘
타워크레인 아래 파리의 눈처럼 반짝이는 창

회전 관람차에서 보는 낮은 구름과
검고 느긋하게 늘어진 롤러코스터의 선로
대형 주차장에 모인 작은 자동차들이 만드는 무늬
일상을 증명하는 공동주택의 집합체들

목 놓아 부르는 격한 노래가 야구장에서 들려온다
번쩍이는 야간 조명

공원의 녹지에 숨어 있는 죽음의 의도와 생의 비밀
길의 끝에서 무엇을 만나게 하는가

2부

피카레스크에서 온 남자

밤은 검은 지우개

  온도가 무척 성가시게 하는 계절 우리는 무지개색보다 다양하지만 간지(干支)보다는 적은 인원이었지 이유도 모르고 취해 있었어 시간의 파도와 어둠의 입맞춤에 몸을 내맡겼지 다음 장소로 또 다른 장소로 계속 이동해갔어 더러 탁자에 엎어진 자를 버리고 주정하는 녀석을 몰매 주고 목록 중 하나를 펜으로 죽 그어 지우는 것처럼 우주왕복선이 발사 후 2분 만에 고체연료로켓을 떼어내듯이 차츰 경량화되었지 멀리서 주먹다짐을 하는 인간들이 흘러가고 있었어 유흥가의 간판은 예광탄처럼 번뜩이고 접전지역 깊숙이 들어가는 수색대같이 공포와 호승이 버무려진 프리 재즈 트리오가 되었지 어디선가 박수 소리가 들려왔어 연료통은 나중에 회수해서 수십 번 더 쓸 수 있지 각성제처럼 날이 환해지자 몇 명은 이미 어른이 되었어

Thorens, 작은 호수의 이름

 늦여름 호숫가에서 건너편을 쉽게 보고 있었어 공기는 좁았고 수면은 서늘한 날숨을 뱉어냈지 술이 없는 밤은 맨밥만 먹는 도시락의 느낌 그였는지 물을 가로질러 저편에 도달하자고 제안한 인물이 나였는지 곡과 곡 사이 간격을 두지 않고 전혀 다른 음악이 나올 때가 있어 그녀들이 표정과 태도를 바꾸듯이 물이 당기는 힘 매미 울음이 만드는 트랜스 어둠은 디제이였어 삼 분의 이를 헤엄쳤을 때 그는 보이지 않았지 더 이상 팔을 젓기가 뻑뻑했지만 그가 낯선 얼굴을 하고 바닥에 서서 기다릴까 봐 맞은편으로 올라와 깨달은 건 분명하게 편이 갈렸다는 거야 며칠 뒤 살아남은 자로서 그가 주문한 턴테이블을 찾아왔어 바늘이 음반 위에서 가늘게 울고 있었지 다른 변주를 알고 있는 것처럼

개를 삶다

  무덤에서 피크닉을 하면 무서울 건 없지만 유행성출혈열을 주의해야 해 산토리니 섬에 가서 에게 해를 마주하려는데 들쥐한테 물려 예약을 취소한다니 여객기엔 후면경이 없어 졸업 앨범 속에서 튀어나오면 안 돼 이사를 하면 새집으로 가면서 많은 걸 저버리지 땀에 전 침구 한 무더기의 잡지와 색 바랜 옷가지들 오래된 신발은 편하지만 냄새를 피우며 닳아 있지 낡은 구두들을 빠르게 버리며 달마다 새 신을 꿰차며 여기까지 걸어왔어 단원들이 전국 순회공연을 떠난 무대 뒤 어설픈 비극 배우는 같은 실수를 아흔아홉 번 반복하고 그런 걸 왜 하는 거지 그들은 끝까지 달라지지 못하고 특정한 인물은 죽는 순간까지 변하고 있어

나대지의 새소년과 기린아

구름이 비로 변하는 만화

강물아 흘러 흘러 어디로 가니˙노래는 파도를 돕지 못하면서 밀물처럼 왼쪽 귀로 들어와 썰물처럼 반대편 귀로 나갔다

소년이 할아버지와 아버지처럼 해변에 모래성을 쌓으면 계승이 아니고 퇴행이다 겸허란 일부일처제나 효도처럼 남 보기 좋고 자신은 배반하는

창밖 버넘 숲

속임수거나 살아 움직이거나 보이기는 마찬가지니 나뭇가지를 쥐불처럼 흔들며 전진 지나가는 홍역이나 열대야가 아니고 빙하기의 시작이라면 두렵겠지 숲은 영주를 쫓고 불놀이는 쥐를 쫓는다 죽어야 은퇴가 된다면 이름이 고려장이거나 기로장이거나

• 「시냇물」, 이종구 작사, 권길상 작곡

작가는 타협하지 않는다*

 원래 바닷가에 꼭 오려던 게 아니었으니 절박할 것 없이 어슬렁거리다 떠나기가 귀찮아진 심정으로 여태는 금지 구역 동굴에 아무도 들지 못했지 어둡고 불확실한 매혹은 오히려 계면장력(界面張力)을 부려 해변조차 인적이 드물었다 세상엔 재미난 일이 삼백 년어치가 있고 눈치를 보기엔 남은 시간이 태부족이라 안하무인의 태도로 바빠서 이만

• 잭슨 홍, 설치작품〈작가는 타협하지 않는다〉, 혼합매체, 952×120×18cm, 2008년

회현소녀대

서반아어에 '어머니가 없다'는 숙어는
부재가 아니라 혼돈과 지옥을 의미한대요
이상한 동그라미 안에 우릴 던지고
엄마들은 암흑 속으로 떠났어요
지옥에서 매일 천국을 생각하는 건 소설이구요
지옥에선 지옥만을 생각해요
눈에 보이는 것이 세계의 전부니까

아사히마치 잇초메(旭丁 一丁目), 장화

그거 알아? 출산보다 낙태가 더 예술적인 행위야
귀가보다 가출이 그렇고
새엄마라는 말은 마음에 안 들어 새로움이란 좋은 건데
내키는 대로 유사엄마나 모조엄마라고 불렀으면
하긴 아사히마치 잇초메나 욱정 일정목이나 같은 거고
미스코시건 신세계건 나완 먼 일이지
판매되는 질(膣)을 찾는 구도자들은

태양이 발그스름해질 무렵 장춘모텔 성지장으로 우양장으로
그러나 오늘 밤
그것들이 방마다 에이리언처럼 들끓을 때
난 더 이상 중구민(中區民)이 아닐 작정이야

제2시민아파트, 그레텔

11월 13일 일요일
이웃집 장화 네와 우리 집엔 계모가 산다
불법 영상물보다 무서운
그러니까 40년 된 우리 아파트는 거대한 괴물이다
안전진단 D 받았는데 아마 그 때문인 것 같다
골조는 멀쩡한데 옹벽이 문제라니
바로 우리 가정에 대한 은유다
난 쫓겨났고 장화는 제 발로 나왔다
담배 한 개비를 라면처럼 나누어 마셨다

마녀가 다가와 취직을 권하길래 처드세요 했다
이렇게 전 우주적으로 고독할 수 있구나
허기란 심히 문학적이다

남창동(南倉洞) 댄스광, 카렌

　엄마 장례식에 빨간 컨버스를 신고 간 나는 유명해졌는데
　신발이 한 켤레니까 그렇지 바보들
　엄마 유언은 잘 어울리는구나 였어

여기저기 교회 교회 교회
장로교 감리교 십자가도 빨갛다고
춤판 네온사인과 다를 바 없이
남산 순환로에 노병들 양로원 초소가 있지
낡은 병사들은 제 빨간색 사랑하고 남 빨간색 미워해

〉
    경솔한 조명 아래 심박동에 맞춰 춤추는 건 꽤 시적이야
    육체가 정신을 압도한다는 걸 깨닫거든
    발이 잘리느니 인송빌딩 옥상에서 콱 떨어질 거라고

흡혈의 성

뱀파이어는 벨을 두 번 울린다

빨간 눈을 하고 창문을 열어달라 애원하겠지 거절하면 되는데 마음이 약해서 무슨 일인가 호기심도 생기고 창백한 게 멋있기도 하고 홀리는 거지 한번 들어왔다고 자기 집인 줄 알아 그리고 금방 싫증 내 심지어 들어오자마자 그러는 것들도 많지 왼쪽 물고 오른쪽 물고 손목도 물고 할 건 다 하고 이 주일 이상 머물지 말고 계속 새로운 곳 건축일자가 최근인 집을 찾아 떠나자가 좌우명인 애도 있다니까 하긴 너무 오래 빨려도 곤란해 맨 처음에만 먹잇감이지 물리면 변하니까 이제 빨러 다니는 거지 둘만 모여도 권력이 발생한다잖아 빨리는 기분도 괜찮지만 빠는 건 말도 마 해본 사람만 안다

변신

겁을 주는 겁니다 높은 난간 긴 계단 일렁이는 촛대들

인형 안구에선 출혈을 숲의 위험과 백안(白眼)의 위협 영원한 게 있습니까 우주도 나중엔 죽는다는데 희생양들은 나약하고 감상적이라 금세 포기하고 또 망각합니다 우리도 가슴에 못 박히면 끝입니다 조심하고 있어요 성으로 관 속까지 아무나 초대할 순 없습니다 A를 빨 땐 A형처럼 B를 빨 땐 B형에 맞춥니다 그래야 돼요 물론 피도 좋지만 이렇게까지 해야 되나 반성할 때도 있습니다 시작은 둔갑한 이리였으나 그 끝은 박쥐가 되어 트란실바니아로 날아가는 겁니다

주침야활(晝寢夜活)

관이 좋으면 잠도 잘 와요 빛을 차단하는 게 관건이니까 피도 시기가 중요해서 한번 하려다 안 되면 힘들어지죠 목 뚫릴 애들이 경계를 하니까 십자가 마늘 은총알 등등 목걸이가 다양하죠 그래도 빠는 놈은 빤다니까 일 년에 삼백 명 사백 명 송곳니에 피 마를 날 없어요 못하면

몇 년 가야 제로 낫씽 바로 시력 약하고 운동부족에 피부 나쁘고 레토르트만 먹는 야행성들이죠 아침에 집 없는 고양이 발정 난 시그널밖에 더 듣겠어 그게 취침나팔이지 고양이나 빨아야죠 뭐 부익부 빈익빈은 어디에나 존재하니까 부러우면 송곳니 기르라고 해요 물론 타고나는 것도 있어요 사주에 천요성이 중요하다네 성채(城砦) 조경이나 조망도 좋아야죠 그러면 밤만 기다리고 사는 거지

마이클 제라드 타이슨

　차가운 거리는 보도를 단단하게 한다 차가운 거리는 소년을 단단하게 만든다 비가 내려 소년과 보도를 씻는다
　비둘기는 멀리 날지 못하고 심약한 소년은 가는 목소리를 가진다
　여자아이들이 얇은 성대를 때린다
　아파트는 남극 수돗물은 북극해 비둘기는 유일한 친구 소년에게 날아와 모이를 먹고
　성장은 키가 크고 목소리가 굵어지는 것이 아니지
　파릇하게 분노가 자라고 날개처럼 증오가 홰를 친다
　이내 손위 불량배는 비둘기의 목을 꺾는다
　머리 뒤에서 작지만 뜨거운 불의 목소리가 들린다
　덩치만 굵은 목은 세 번째 주먹도 견디지 못한다
　공기가 탁한 동네의 소년들은 열 살이면 어른이 되지
　첫 번째 직업이 소매치기 두 번째 직업은 무장 강도
　소년원은 언제나 명문교이며 선생님은 미래의 군주를 예언한다
　부모도 선생도 심연 속으로 편도 여행을 떠나고
　세계의 외톨이 링의 고아

어둡고 울퉁불퉁한 녀석들은 세 번째 라운드를 견디지 못한다
아니지 첫 회에 기절하지
술 마신 신입생처럼 살충제를 들이킨 암모기처럼
그들의 고통은 이해 못한다 역할이 정해진 일이지
장갑 속에 든 건 주먹이라기보다 해머에 가깝다고
누구든 이길 수 있는 새된 재능
세 번째 직업은 약관의 챔피언
한 발 디딜 때마다 보도블록에 번쩍 불이 들어온다
뭐든지 올라탈 수 있는 권리
다시 들어간 새장에서 모든 죄수들은 강자를 알아보고
강자는 자신 외에는 관심이 없지
호랑이가 정글리안 햄스터에게 눈길 주지 않듯이
천이백 개의 X표를 지나서
세계는 투견장 복서는 검고 윤기 나는 이빨이다
장르가 중요한가 상대의 못난 귀가 귀들이 만든 질서가
패배자는 모른다 새벽의 서리같이 날카로운 기분
애원하며 귀들이 흘리는 눈물

디에고 아르만도 마라도나

재규어처럼 달리네

언어는 얼마나 무력한지 신이라든지 천재라든지 어울리니

현상보다 부족하지 성기가 욕정을 다 싣지 못하는 것처럼

공, 둥글고 탱탱한 공만 생각하면 에스파냐어처럼 흥분돼

경기, 모두 성행위를 닮아 있고

십대는 막 깨어나서 날뛰며 공을 껴안고 잠드네

처음엔 어느 팀도 아니었어 공과 하나면서 둘이었지

주름진 손등과 금 간 손바닥처럼

뭘 복잡하게 말해 재미가 없다고 깊이가 있는 건 아니지

선수, 전부 검투사를 답습했어

그러니 주먹으로 공을 때려도 괜찮은 거야

잘난 녀석에게 팔푼이들과 같은 규칙을 선사하다니

어휘를 만들자꾸나 어슐러 르 귄이 쓴 『어둠의 왼손』처럼

공기총은 아마 언론인 같은 것을 쏘라고 있는 거다

우주는 연결되어 있지
꼬리를 물고 날아가는 청둥오리 떼처럼
경기장, 하나같이 전쟁터를 밑그림으로 깔고 있어
영국은 포클랜드를 앗아갔고 아르헨티나는 월드컵을
낚아챘네
공, 그물로 된 문 안에 들어가라고 만든 거다
대부분 재미도 없고 깊이도 없고
교황은 남자도 아니다 사실이지 뭐
보통은 그저 축구라도 이 시합만은 단연코 시야

21세기 에레보스

그 사내는 모자를 돌리고 총을 돌리고 운을 돌려보는
창문을 깨고 윗도리를 벗는
탈옥한 고릴라 같은
누구보다 참회할 것이 많겠지만
고통도 슬픔도 죄책감도 잊고
링 위에서 글러브를 끼고 천천히 뛰어오르는
미끄러지듯이 달리는
칼집에서 검을 뽑아 난공불락의 풍차를 공격하는
노을을 등에 진 역광의
그것의 현현이라는 의미로 팔을 치켜드는
눈빛은 지문이며 명함이라 안경을 쓰지 않는다는
스케이트를 신은 소녀들이 모두 흘끔거리는
미지의 여자들이 한밤중에 전화를 거는
철길을 걷는 연인이 아닌 기차 그 자체인
변증법을 무시하며
두려우면 지는 거다 내게 엄마가 어디 있어 라고 말하는
해변에서 바다가 갈라지는 것을 보는
총탄에 맞아도 죽지 않는

북극의 빙산이나 동남아의 감옥으로부터
다시 이곳으로 귀환하는
날개를 꺼내 하늘을 나는
착한 인간도 불쌍한 인간도 존재하지 않으며
우린 모두 혼자라는 격언을 말하는 밤의 사내

음악이 있는 곳에 나 있네

행자들이 산 속에서 회고의 날을 진행시킬 때
누군가는 돌에 각인된 문자를 묵독했다
그러나 핑크는 어머니 같은 것은 진작 배제해나갔다

나체로 출연했다가 퇴장하는 냉정한 무대에서
믿는 것은 동그라미 누군가는 지구의 괴리

행자들이 우수수 숲의 바다에서
자신이 하는 일을 쉬지 않고 떠올리며
행위가 곧 자아라는 거대한 오해를 할 때
누군가는 적대적인 태도가 되려 했지만
핑크는 맑고 따뜻한 잔을 사용했다

오만한 방파제 위에서
행자들이 근접했다는 그 사람을 자랑스레 떠벌릴 때
누군가는 낯이 달아올랐으나 핑크는 쓰게 웃었다

죽은 자를 내세우는 것

아직 나지도 않은 정충을 전망하는 것

행자들이 비릿한 액수를 조작해 관세를 면제받을 때
차가운 공중을 헤치는 핑크는 짧은 시간에 죽고
누군가는 세계의 괴뢰
기계 인간이 되어 최후의 고물로 남다

과문하고 불민한 그 누군가는
언제나 음악이 있는 곳에

현대라는 어휘에 대한 단상

거듭나는 것과 죽었다가 깨어나는 것은 비슷한가
쏟아지는 졸음과 황홀경은 상이하지

굳이 남국의 섬으로 신혼여행 떠나고 싶어 하는 여자들에게:
여기 터널 앞 옥상에서 상상의 갈매기를 볼 수 있다

소속 회사 건물에서 뛰어내린 어린 가수
무덤에 숨어 있던 게릴라가 비석을 열고 나오는 게 멋있어 보일 나이
자유의 여신상과 김일성 동상은 다른가 에펠탑과 도쿄타워는 흡사하지

태어난 생물은 모두 어김없이 죽지 혼자 정중히 사양하고 싶다

어두운 하늘이 조도를 차츰 높이는 때
길가의 얼음이 사라지고 볕이 맑아지는 때

손톱을 차례로 물어뜯는다

불타는 신음 축축한 신음 다시 만나는 날까지

내가 찾은 겨울밤에는 작은 돌기가 있고 시시덕거리는 소리와 흐느끼는 소리가 있고 소리가 안 나면 좋겠는데 계속 소리를 내고
그 부모와 그 형제와 그 친구들을 가진 너는 범상한 거북이 개구리

파충류 양서류들이 만들지 않아도 좋은 음악과 영화 소설과 그림이 넘쳐난다 악기 대신 오디오를 사라

좋다는 것의 기준이 뭐냐고 말대답할 거지? 귀염둥이
자유의 여신상의 편견과 김일성 동상의 아집과 그리고 너, 귀염둥이

눅눅한 신음 미지근한 신음 너무 부끄러워

﹥
　곧 봄이다 얼마나 안일한가 봄에 봄시 쓰고 달보고 달시 쓰고
　뉴델리 공항의 달콤한 향기처럼

수상한 장소, 창백한 냄새

    어머니는 잘 때 베개를 동쪽으로 두라고 했지만 그때 난 낮에 자주 거길 향해 나가곤 했어 해가 돋거나 파도가 움직이는 꼴을 구경하고 싶어서가 아니야 단지 그곳에 조석(潮汐)으로 사람들이 들고 나는 기차역이 있었지 살짝 모퉁이를 돌면 입구를 유리로 만든 집이 많았어 그다지 절친하진 않은 친구들이 모여 살았지 걔들은 날 안경이나 청바지라는 환유로 불렀고 노대에 앉아 창문을 부싯돌과 주화로 딱딱 두드리거나 지나는 사람에게 말을 걸었어

    걷다 보면 마치 욕조에서 수증기를 감상하는데 밖에 누군가가 그래 잘 모르는 누가 도르르 스타킹을 벗고 있는 기분이었어 나쁘지 않았어 욕실이나 허벅지가 나쁜가 뭐 그냥 겁이 좀 날 뿐이었어 사람들은 용기를 내기 위해 서언처럼 술로 입술과 혀를 젖게 하거나 허리를 움직여 춤을 추지만 난 잠시 골방을 빌려 심박동을 제어했어

    한결같은 전개로 인간과 세계에 관해 사색하게 만드는

영화를 보고 있는데 3단 서랍장이 눈에 띄었어 냉장고는 없었어 물론 필요하지 않으니까 그런데 쟤는 뭐지 싶더라고 호기심은 늘 남의 서랍을 열게 하지 고소한 냄새가 짙은 안개처럼 퍼졌어 서랍 가득 버려진 휴지가 목련처럼 흐드러졌어 생명이 되려던 단백질들은 말라비틀어져 여태 빛을 피하고 있었지

그사이 미지근한 어둠이 내리고 조명들은 밤을 자극하기 시작했어 백 송이 휴지꽃을 본 뒤라서 난 다시 길에 나가 친구를 고르는 걸 포기했어 주인을 불러 혼자 있기 싫다고 말했지 중화요리를 기다리는 기분으로 작은 브라운관을 응시했어 배달원이 자신을 운반해서 펼치자 간조와 만조처럼 긴장이 달아나고 수치심이 배어나왔어 예전에 어떤 자가 그녀의 둔부를 재떨이로 여겼던 모양이야 러시모어 국립공원이나 금강산을 보는 심정이었어 물오징어 냄새가 스멀거리고 난 그것처럼 물렁물렁해졌어 지상과 지하 중 어느 길로 돌아갈까 궁리하기 시작했지

빅타임 브러더스의 세계

광야를 노래하는 녀석들은 얼간이
이젠 거기가 아니고 바로 여기란다
지는 해가 고층건물들 사이로 달리며 깜빡이고
자동차 불빛은 또렷해지는 삼십분이 오면 하루가
절정만큼 짧은 진짜 하루가 시작된다

윌리엄과 로버트로 부른다면 친구가 아니라는 증거
 믿기지 않겠지만 원테이크라는 스튜디오 라이브만을 해왔지
 블로우 잡 따로 머니 샷 따로 찍고 나약한 거 아닌가
 인류는 450만 년 전에 직립보행을 시작했고
 빌 그리고 밥은 일곱 살 때부터 신체 일부를 자유자재로 충혈시켜
 빳빳하게 만들 수 있었지

 오늘의 동업자는 'D' Ass라는 문신을 넣은 아가씨
 D는 모음 앞 정관사의 발음이면서 치수 C보다 큰 것을 의미해

어쨌거나 대단한 볼기라는 거야
비행접시는 들판에 그래피티를 그리고 우리는 흰 피를 뽑아 상대의 피부 위에 수채화를 만들지

내일부터는 상하이에 가서 일주일간 〈Juicy & Tight, Blooming Orient〉 시리즈를 찍어야 해
걔들은 이 장르를 파오알나오(抱㘝)라고 한단다
성직자가 안 하는 조건으로 벌어들인다면
우린 하는 족족 벌어들이고 있어 둘 다 평범한 직업은 아닌 거야
공포나 갱스터는 먹어도 되는 모조피나 쓰고
나태한 거 아닌가
빌리 빅타임과 바비 빅타임의 장르에서
무릎 꿇은 동업자들은 진짜 정액을 먹지

지난번엔 도쿄에서 광속연맹 마살매명(光速聯盟 魔殺 魅命)이라고 써진 가와사키 오토바이를 보았어 일본인 스태프들이 저런 건 쇼와 50년대에나 유행했던 거라고

했지만 뜻이 구름 위의 열기구처럼 멋지더군 바로 문신사를 찾아갔지

비의 은신처

더딘 거리 오래된 오후 우산으로 비를 가리고 걷는다
우산은 알록달록 자기는 하양
해사생도 A4용지 솜사탕 실험용 쥐

6819098인지 8606189인지 알 길이 있나 작은 흰 종이
오늘 A에게 맞았다 내일이나 모레 다른 애를 때리면
위안이 될까

왼팔의 상처 위에 아대를 차고
화상 같은 문신 파낸 자국을 소매로 가리고
그때는 피가 났겠지 많이
그런 게 중요한 건데

질정(叱正)과 질정(膣錠)은 조금 다르고 많이 같을까
알보칠 세나서트 카네스텐

길 위의 그들은 했거나 지금 하러 가거나 할 거다 그
리고

더러는 안 하기도
　오늘 B와 못했다 내일이나 모레 다른 애와 하면 만족할 수 있을까

　숫자 차이가 많이 나면 발매 시기가 다르다는 뜻
　자기는 하양 우산은 알록달록
　B2 스피리츠 폭격기 페디큐어 막대사탕 자이언트 지네

　알아야지 언제 나의 세계에 파국이 오는지를
　그러나 늘 궁금해하는 건
　이루어질까요 저를 아껴줄까요 잖아
　죽도록이란 말을 하는 건 정신질환일까

Plan B

서현

버스를 타고 다리를 건너
온전히 터널에 삽입될 때까지
도로는 길지 않다

지나온 길은 뒤돌아보지 않아도
잔상이 된다
많은 현상이 발생해도
한 가지 상징으로 남는

명동

어두운 성당 높은 천장이 나무 의자를 내려다본다
스테인드글라스는 홍등과 미러볼과 닮았다
남자와 함께 와 앞에 선 여자의 엉덩이
청바지 속에 든 엉덩이는 한 시간 내내 실룩거리고

그 운동성의 방향을 지켜본다

청량리

비 오는 저녁
혼자 여관 계단을 오른다
옆방의 교성은 복도를 나팔처럼 타고 울린다
침대에 앉아 벽시계를 본다
씁쓸한 시계
굴다리 아래선 누구나 마음이 처량해지는 걸까

W호텔

얼음이 든 술잔을 흔들어라 빈자가 된 기분으로
인기가 많은 사람인 양 들떠라
모두의 목소리가 음악보다 커지고 있지만

살아있는 게 초조한 새벽 두통이 온다
길게 늘어지고 싶은 근육이 경련한다

반포

어두운 거실 흔들리는 불빛 의문의 표현은 침묵
질문을 일삼던 급우가 있었지
많은 물음은 바보라는 표시를 뺨에 가진다는 걸 모른 채

냉랭한 불안과 습기 비릿한 습기와 친해진다
유리에 비친 얼굴도 새로 짓는 집들도
흔적도 없이 사라지리라 담뱃불과 정액처럼
결론은 언제나 시시할 수밖에

넥스텔•

원피스 수영복 아래 하얀 허벅지 사이
물보라를 일으키는 모터보트가 보인다
검은 연기를 뿌리며 가는 기차에
소년은 타고
소녀는 달리며 손을 흔든다
귀밑머리 입술 눈망울

날아가는 기러기도 해변의 젊은이도 모두 낭만이 뒤에
숨어 있다 우습다 피는 검붉고 끈적거리지 무섭지
그러니 담요로 덮어라
시트러스 플로랄 아쿠아 희미한 향기
옷을 벗고 서로를 빨아들이는 진짜 장면은 막간에 감춘다

피는 정직하게 비릿하다
모든 유니폼이 불온하다 교복 군복 병원복

• Nextel: 연극·영화에서 혈액 대용으로 쓰는 합성물질

청소년 시기는 마땅히 빛난다 아기를 밸 시간이 다가왔다

　종묘와 사직은 양로원으로 변해 서울막걸리 냄새를 풍기고
　매음녀의 침대에선 언제나 미스김 라일락 공기청향제
　나는 술과 담배 섹스도 끊을 수 있지만
　1976년과 1977년과 1978년에 중독되었다

　예쁘지 그가 좋아하는 여자는 다 비슷비슷 닮았지
　달 달 무슨 달 귀찮게 파도나 치고
　진정 쓸데없는 위성이다 가짜 피다

137억년과 100분쇼

1

특유의 계절풍이 낯을 간질일 때 노천극장에 앉아 있었어
피어오른 풀들은 어느새 사라지고 계단은 튼튼하게 바뀌었지
이유 없이 북악 스카이웨이가 생각났어
예전에 걷고 걷고 또 걸었지만 발바닥만 아팠지

그때나 지금이나 라디오에선 한여름 밤의 꿈 또는 사랑해요 등의 노래가 나오는데
20년 전 12월 26일 저녁 신촌 거리
빨간 거위털 외투 흰 헝겊으로 만든 운동화를 신은 여학생이 떠오르게 하는 그 음악들
당대를 잃어버렸고 현재도 재해석의 여지조차 없어

활엽수는 인간과 상관없는 활엽수만의 생이 있다지만
분명히 저 나무는 우리에게 손짓하고 있다

사랑은 참고 믿고 용서하는 것이 아니다
질투와 의심 배신과 분노가 사랑이다
모두 그렇게 하고 있지 않은가 두 시간도 기다리기 힘들다

영원은 어쩌면 존재할지도 모르겠다 그러나 분명한 사실은
사랑이 거기에 해당되지 않는다는 것이다

자 이런 게 재해석인 것 같아 용례가 성글지만

침실의 여학생을 자극하기 위한 작품이 왜 나쁜지 모르지?

2

공기가 물방울에 식는 것을 구경하며 분수대에 앉아

있었어

  시장 후미진 곳에서 쓰레기가 부패하는 냄새를 맡고 싶었지

  세계에서 가장 강렬한 비장미가 아닐지

  남산육교에 서서 서울역을 바라보며 친구가 말했어

  사람들이 잘 모르는데 비틀즈보다 마이클 잭슨이고 메르세데스보다 렉서스란 말이야 상을 받고 더 많이 팔리면 그게……

  넷 다 싫어

  말을 잘라서 나중에 미안했지만,

  레슬리 스피커로 재생하는 해먼드 오르간같이

  멋진 신파 음색을 내고 싶지만

  벽돌처럼 딱딱하고 낡은 수건처럼 메마른 소리만 나오지

  예를 들면 이런 식이야

> 부산이다 항구다 외국 도시 평양보다 이국적이다
 바다에 갈매기 보이지 않는다
 남포동 해운대 광안리보다 연산동 감천 온천장 영도다

 잊고 있었는데 왜 생각나게 하느냐고 화를 내지만 망각을 각성으로 바꾸는 건 대단해

미야자키 쓰토무의 방

손은 불완전한 촉수 뒤집지 못하는 불구의 손은 더구나

6000개의 비디오테이프는 16년어치의 생활 방정식

2199년 바다는 증발했다
우주전함 야마토와 하록 선장은 방사능 제거장치를 구해오라
그것은 여자아이의 몸속에 있다

방은 사이타마보다 혼슈보다 넓은 스페이스 콜로니
바깥에는 아름다운 세계를 해치는 공구들이 날뛴다

소녀는 정지되어야 해 추악하게 변하는 건 참을 수 없다
물건을 모아본 일이 있는 사람은 알지
하나의 수집품은 열 개의 수집품을 부른다

어릴 때 좋아했던 것은 아직 빠져나가지 않고 몸에 남았다

>

일 년 전쟁 끝에 기동전사 건담은 탄생했다
외부에서 구원된 소녀들이 천장 밑으로 나풀나풀 날아다니자
고질라처럼 울트라맨처럼 쓰토무는 M으로 거듭났다

• 시작 메모

1980년대 초, 〈초시공 요새 마크로스〉를 제작한 스튜디오 누에(スタジオぬえ) 직원들이 일본 SF대회에서 상대 집안을 부를 때 쓰는 높임말 '오타쿠(お宅)'로 서로를 호칭했던 행태가 애니메이션 열성 팬들 사이에서 널리 유행했다.

1983년 잡지 편집자 나카모리 아키오(中森明夫)는 롤리타콤플렉스 계열 잡지의 만화 「후리츠코」의 소론에서 오타쿠를 가타카나인 'オタク'로 표기하여 하위문화에 심취한 일군의 계층을 지칭하는 신조어로 만들었다.

미야자키 쓰토무(宮崎勤, 1962~2008)가 1988년 8월에서 1989년 6월까지 저지른 네 건의 4~7세 유소녀 납치 강간 살인의 범인으로 밝혀지면서 언론에 의해 오타쿠라는 조어는 부정적 의미로 크게 부각된다. 2006년 1월 일본최고재판소는 피고인 미야자키 쓰토무의 상고를 기각, 1997년과 2001년에 내려진 지방 재판소와 고등재판소의 사형 판결을 확정했다. 사형은 2008년 6월 도쿄 구치소에서 집행되었다.

오타쿠에 대한 평가는 1992년부터 시작된 가이낙스사 창업자이자 도쿄대 교수인 오카타 토시오(岡田斗司)의 옹호(오타쿠 문화론 강좌)로 사전에까지 명기된 '특정 분야 사물에만 관심을 가져 이상할 정도로 자세히 알고 있으나 사회적 상식은 결여된 사람'에서 다소 긍정적으로 전환되기 시작했다.

258번지의 차고

  그 주택가 그 집 만이천 개의 하루를 보낸 방문객이 거실에 서 있다 그에게는 얼굴이 없다 가구들의 냄새가 서로 부딪친다 전화벨이 헛기침처럼 한 번 울리고 끊어진다 벽에 걸린 그림은 그믐이다 차가운 빛이 감돈다 잠겨 있지 않지만 서랍은 결코 열리지 않는다 거실에 보이지 않는 생명체의 냄새가 흐른다 절단된 국화가 물속에 담겨 있다 가시는 식물에만 나지 않는다 공기 중에 있다 전화벨이 한 번 고양이처럼 울고 끊어진다 수화기를 들면 두 사람의 대화가 희미하게 들린다 암흑은 연결되어 있다 아무도 없지만 누군가 있는 방들 어둠이 손잡이를 만지작거린다 옷가지나 가구가 얼굴처럼 보이기 시작한다 마당에서 감나무가 바람소리를 낼 때 계단은 차갑게 웃는다 텅 빈 상자가 상악(上顎)을 열고 있다 자동차는 어디로 사라졌는가 사차선 차로에서 급정거 음을 내고 있는가 전화벨이 단말마처럼 울리고 끊어졌다

102번지의 흉가

터널

빈집은 공명으로 공포를 제조한다

많은 인부가 죽었다 그들은 이끼와 담쟁이로 태어났다

내리막길 아무도 없는 내리막길

가는 길과 오는 길의 길이가 다른 동굴

파란불 빨간불 무엇이 좋은가

어둡다 좁다 그리고 길다 거울이 보이지 않는다

입구는 어둠의 매력으로 죽음을 동경하게 한다

늪지대

빈집은 울림으로 떨림을 만든다

결핵 환자들은 늪으로 걸어 들어갔고

그후 다시는 걸어 들어가지 못했다

체모는 수천 년 동안 진흙 주변에 자랐다

비 내리면 풀과 흙이 무엇보다 늪이 젖는다

어둡다 춥다 그리고 깊다 사체가 떠오르지 않는다

입구는 흡입의 유혹으로 생존을 망각시킨다

3부

Super Moon

지난봄, 달아나는 기분으로 밝은 빛 아래를 걸었다.
꽃길을 지나면서 스물이 되던 해를 떠올렸다.
당시엔 어디에도 갈 곳이 없었다.
기차역 앞 슬롯머신 업소에서 놀다 밤이 되면 서 있기 힘들 정도로 술에 취했다.
역겨울 정도로 비싼 구두, 야하고 천박한 셔츠, 파마넨트 머리.
그때 몇 년에 걸쳐 주변 사람 하나, 둘, 일곱 명이 차례로 죽어갔다.
구두보다 훨씬 싼 나를 한남대교에서 끝내려 했다.
눈 오던 밤, 검은 강물이 어서 내려오라고 청했지만 사양하고 혼자 춤추러 갔다. 이후 나의 비겁은 출발했다.
요즘도 그 다리 위를 달리면 달콤하다. 죽을 고비를 넘긴 장소.

지옥에 남은 국외자.
상처받은 사람을 문병하고 쪼개 먹은 사과, 검어진 바나나, 어디선가 나던 홍시 냄새. 오각형 창문 아래 내리막길.

 실로폰 소리를 들으면 조증이 도는 사람을 알고 있다.

 다시 흡연하기 시작했고 재회는 더 짜릿하고 나는 섬세하며 단순하다.

 의미 없다. 의미 따위 처음부터 없었다.

 기다린다. 기다리면 사라지는 날짜와 요일과 계절.

 밤새 기침이 난다.

 서울 아닌 다른 장소에 일주일 이상 머문 적 없는 나는 오래 알던 여자를 더 믿는다. 딸보다 아내를, 아내보다 여동생을, 그리고 내 어머니는 남자다.

 새해 첫날 혼자 그 영화를 보는 것이 아니었다.

 내미는 손, 그 대상을 잡기 직전 짧은 시간.

 세상에서 가장 슬픈 것은 무엇인가?

 스미스를 듣는 남자와 오스카 와일드를 읽는 여자.

 눈으로 말할 때 진위는 별개다. 눈빛은 웃음, 울음과 함께 연기의 기초다.

 구토는 더없이 순수하다.

목련, 라일락, 국화, 코스모스, 동백. 이대로 지속될 수 없다.

퇴경 전후 옥외전광판에서 읽을 말이다.

일곱 살 무렵 마음은 분명히 존재한다는 걸 알았다. 눈에 들어간 먼지처럼 모른 체할 수 없는,

거짓말이 혈관처럼 흐르고 속임수의 심장이 울창하다.

다정한 사람이 되고 싶어지자 누구도 위로를 바라지 않았다.

부끄러운 에세이를 다 쓰고 달이 뜨는 밤, 모두 회피하고 먼 곳에 혼자 있을 거다.

고립.

20세기 명주택선집

 긴 복도를 지나 막다른 서재에는 네모난 탁자와 입 벌린 페치카가 텅 비었다
 창이 큰 거실에 쏟아지는 빛은 붉은 기를 흔드는 떠버리

 어두운 정원 차가운 대리석과 하얀 기둥이 단단하게 섰다
 검은 벽돌에 감긴 담쟁이 줄기와 낙엽이 진 수영장은 소녀의 피를 빠는 푸른 눈

 높은 굴뚝을 잡은 삼각형 지붕 아래 작은 난간 그리고 다락이 붙었다
 멀리 퍼런 산에 솟은 나무 깊은 낭떠러지는 왕의 사진을 가진 난쟁이

 침실은 회색 천장 노란 내부 조명 겨자색 마루를 가졌다
 텅 빈 나선형 계단 아래 세면대의 거울이 맞아들이는 밤은 아들에게 절하는 녹슨 시간의 바퀴 자국

수선화의 밤

　풍광의 속을 헤집어 지난 시간의 얼굴을 찾을 때 옷소매가 흘렀다
　전신주가 하늘에 경계를 그어놓은 것이 구름의 이정표다
　자신이 사는 지역에서 길을 잃고 어두운 거리를 맴도는 기분으로
　돼지의 꼬리처럼 어리석고 관능적인 손가락을 꺾었다
　혈육에게 살해되는 순간처럼 안방에 난 불처럼
　숲과 닻이 빛나는 말벌의 날개에서 떨어졌다
　스테레오 사운드란 틀린 부분이 더 많은 피아노 연주와 공업용 드릴 소리
　통유리 밖의 바다는 클레이모어라서 휴대용 박격포라서 그렇다
　단단한 입김으로 공기를 더럽히는 부엌 머리가 붙은 붉은 두 개의 그림자
　서늘한 거실 사는 일에 도취해 경어를 남용하는 위선자가 누워 있다
　커튼의 무늬와 소파의 소재가 주인을 공격하고

마루 밑에서 빛이 뻗쳐오르면 흙과 중금속이 섞인 비가 옥상에 내렸다

텅 빈 주차장 주차장에 쌓인 쓰레기 쓰레기를 물들인 선혈

사람들은 많은 시간 신호등을 깊이 응시하고 산다

오래된 나무는 무성한 가지와 잎을 소유하며 비대한 공룡이 되었다

잡초가 지배한 마당이 벌레들을 기른다 모든 도시에서 아이들은 자란다

피

긴 편지처럼 어쩐지 조용한 바다
선주가 봄과 함께 사라진 아름다운 배는
부두에 머물러 있다
비늘 없는 고기가 그 아래 헤엄친다

오후는 아직 밤이 되지 못했다
구름의 의문과 함께

노란 적(敵)들이 항구를 배회한다
보이지 않는 것은 수평선 너머에 존재한다
눈을 감고 노래를 불러야 한다

센 불에 음식을 볶는 냄새와 소녀의 체취도
악절의 감치는 부분과 해가 떨어지려는 순간도
위대한 것은 아니지만

언제나 가면을 쓰고
절반만 작성한 대답

소년은 아직 어른이 되지 않았다

여기보다 따뜻한 장소의 깃발과
여기보다 추운 장소의 거울과

침묵 속에
그는 모든 약속을 어긴 사람
어두운 방에 칼을 겨누고 들어간다

고택

저들 모두 덕이 부족하다 덕이 부족해 재주만 좋구나

젊은이가 말씀하시길
거주자가 떠나 어두운 공동주택을 쳐다보는 자는 불투명하다
지난 일에 연연하여 부귀영화 따위를 조소하니 선진 조국 창달에 걸림돌로 자리한다

서 있다 오래된 중정(中庭)의 주변에 ㄱ 아니면 ㄷ이나 ㅁ인 탐닉이
다시 태어난다는 게 거짓이 아니라면 전기 계량기가 되어 현관에 붙고 싶다

창밖으로 지나가는 냄새와 색
몸서리치는 오후의 살갗

멀리 시간의 청구를 받아 얼룩진 집 앞에는 웬 젊은이

〉

　기울어진다 자연의 빛 그리고 인공의 빛이
　밤이 찾아오고 혈관이 수축된다

　값비싼 차를 보고 고양되는 사람은 누구인가
　넓은 바다를 보고 북받치는 사람은 누구인가

　저들은 어질지 못하다 어질지 못해 머리만 비상하구나

　젊은이가 말씀하시길
　오래되고 낡은 건물을 찾아가 들여다보는 자는 어지럽다
　무용한 것에 마음을 앗겨 입신양명 같은 것은 길모퉁이에 버리니 부국강병으로 가는 길에 차단물로 작용한다

오즈의 앨리스

눈부신 암흑 속에서 단체복을 입은 자가 얼굴에 손전등을 비춘다
아침이다
뱃머리는 해를 가르고 푸른 콩이 쌀의 웅덩이에 잠겨 있다

새우는 튀김이 되기 위해 낚아 올려지고 껍질을 벗기고 끓는 기름으로 빠진다
인간의 육체는 흉기다 치아와 턱을 보면

잔뜩 들어찬 버스와 지하철에서 우리는 사람이 지나치게 많다고 생각한다
자신만은 늑대의 눈이 되어

유령의 집에 가고 싶은가 그럼 월요일 오전 학교에 가보라
도서관의 비밀통로 책배에 묻어 있는 핏자국
인간의 육체는 둔기다 주먹과 발을 보면

〉

　일요일 보행자천국에서 우리는 사람이 너무 많다고 생각한다
　자신만은 신의 마음이 되어

　뱃머리가 해를 가린다 노을에 물들은 마네킹만 한 미인도 없다
　인간의 육체는 극약이다 저 눈웃음과 냄새

황홀한 진리

라디오 방송국마다 하루의 시작엔 사가를 틀고 나는 풍력발전기를 떠올린다 나른한 부채에 얹힌 희미한 꽃가지는 시들지 않는다 웃음소리가 들린다 공기가 차갑고 마음이 들뜨기 때문에 바람이 가늘게 분다 늘어진 소매에 물결 같은 푸른 줄무늬 일렁인다 겨울은 군함도에 가는 배편이 없다고 한다 멀리 보이는 암초 구름의 떼가 먼지처럼 몰려가는 모래언덕과 검은 바다 초여름 해가 떨어질 무렵에 죽는다면 눈앞은 캄캄해질까 수줍게 붉어질까 그림자가 길게 늘어진다 침대처럼 음식이 얼어붙고 남자는 돌처럼 취했다 서늘한 이마를 가진 여자의 날렵한 목선 그리고 물이 끓는 소리가 들린다 아득한 먼 산 아래 깊은 숲으로 돌아갈 날을 헤아려보며 나는 바람개비를 돌린다 까치처럼 제비처럼

단애

팔월 새벽에 습기 사이를 산책하는
네 악곡에는 노랫말이 없었다
반복의 아침은 식탁보와 샤워 커튼
여느 아이들은 언제나 자라서 춤추러 갔고
어디에나 자라서 이륜차를 탔고
검은 셔츠 운전자는 셔벗
검은 셔츠 승객은 소프트 아이스크림
변화의 낮은 친척의 결혼과 죽음
벼린 검객도 아저씨의 조카일 뿐
검은 셔츠 운전자는 얼음
검은 셔츠 승객은 눈
흐린 일월 그믐밤
정규 탐방로를 벗어난 불법 산행
내 호주머니엔 사탕이 들어 있지 않았다
삶은 연극도 여행도 아닌 공회전
말에 채인 사람들 자리는
전동차에 깔릴 사람들이 메워갔다

가족 게임

아 누굴까 처음 기타에 불을 놓은 이는
노래하는 장작은 가둘 수 없었다
장작의 노래를 들으려
헨드릭스 씨는 기타에 불을 붙였다

보스턴 가방을 메거나 버킨 백을 들거나 여기는 서울이고
가릴 수 없는 이름은 영수다
여기는 서울이다 그리고 너는 영수다

벌집은 크고 거뭇하고 단단하였으므로
많은 기식자들을 거느리고 있었다
많은 일벌들은 벌집이 크고 단단하였으므로
거기에 모였다

타인의 취미는 종종 부조리하다
아버지는 낚싯대를 아들은 우표를 사던 시기가 있었다
붉은 피와 흰 뼈

당구만큼 지루한 것으로는 축구와 골프가 있다.
부조리한 것은 종종 타인의 취미다

부러운 옆집 아이의 이름 영수
내가 코를 골며 잠들었을 때 그녀는 유산소 운동을 했다
옆집 아이 이름은 영수 나는 그녀가 늘 부러웠다

고르디우스의 매듭

밤은 손가락을 응시하기 나쁘지 않은 시간
식도를 따라 내리는 물처럼 태연히 그것을 빨지만
가라앉는 침실 결국 시간과 공간은 너를 버리며 흐르고 머문다
그것들도 먼 미래엔 끝나지 이후의 세상을 짐작할 수 있는가
그건 관심 밖이라

예쁘다고 여겨지는 여자의 웃음과 빠른 속도로 도는 체내 핏줄기
완전한 쓰레기 냄새 숨 막히는 세계는 알 수 없는 문자로 가득하고
한 가지 종을 해독하면 다음 과제가 주어진다
고통을 쌓으면 더 나은 사람이 된다는 말에 살갗을 묘사한 유화를 빗줄기에 씻어버리려고 어디에 진짜 파란색이 있다던데

서울은 소년을 부른다

드럼 소리처럼 느리고 약한 엇박으로
방귀는 아프고 음낭은 지독하다 전신주를 들이받았지
안암동에서 본다 911 카레라를 신호대기선에 멈추고 바보 엄마들 같은 음악을 듣는 젊은이
청담동에서 바라본다 음악카페에 들어와 맥주 한 병을 구걸하는 거지 재미없다지 않는가

길 셀 수 없는 길들 샐 수 없는 차도
짧은 시간 혼란 속에서 구름을 향유하고 피 섞인 침을 뱉을까 망설인다 재미로 사는 거다
안식이 사라지고 뜻 모를 물체가 자라고
잘 안 되는 이유를 말해보자면 지구가 돈다는 걸 믿은 탓이지
방 안을 찬찬히 봐라 허술한 걸 모아왔구나
모두 이 어둠 속에서 네 생각 따위는 조금도 하지 않는다

빨간 고무장갑

마당의 대나무가 밤이면 바람에 울 때
꿈은 기차를 타고 역을 떠났다

진주는 조개가 품은 암덩어리
조개는 간에 좋은 음식이다

언제나 내기에서 패배하는 이여
여름이 길게 혀를 빼문다

낡은 바지의 실밥이 풀리듯
시간이 흐르면 머리칼이 빠진다
시간이 지나면 이가 빠진다

늙은이는 원숭이
아이와 같아지지만
아무도 신경 쓰지 않는다·

· 탈무드

지극히 당연한 이야기는 예언이 된다
잠시 후 밤이 될 것이다 얼어붙을 겨울이 오고 있다

우물은 갈증에 좋은 음식
죽음으로 가는 횡단보도다

$E=MC^2$

애송이들이 길에서 폭죽을 발사한다

방송국 전속 악단의 맵시를 모르는 소년들

자라기도 전에 배신을 당하고 의욕을 잃어

주머니칼을 왼손과 오른손으로 번갈아 옮긴다

외투에 묻은 바람과 눈의 냄새가 실내로 따라왔다

어리석고 정직한 자는 위험인물이다

도리언 그레이가 벽화를 그려 흥을 돋운다

번쩍이는 새틴 재킷을 입은 신세대가

구세대를 공격하는 것은 순리여서

＞

승마를 배우는 대신 말춤을 추는 젊은 놈들은

그저 혼돈과 권력을 원한다

그들의 우상은 파블로 에스코바르

영등포는 서울의 구가 아니라 독립된 시다

이곳의 용설란은 가난이나 사랑 따위보다

싸움 질병과 악취를 먹고 한 뼘씩 자란다

카고 컬트와 달콤한 수채

배수관 세관제 세례를 받은 생쥐의 주검
화사하게 차린 주교들과 울긋불긋한 학장들
부조리와 애증은 얼마나 격이 다른데

사람 잘못 보았어요 그런 사람 아니에요

우발적인 계획의 공중 정원과
선택지 안에 들어찬 무허가 건물
술 끊는 한약에 소주를 타서 마시는 주정뱅이
호랑이 우리에 넣다가 잘린 손마디

노래하길 좋아하는 이는 자기 음색이
짧은 치마를 입는 이는 자기 다리가
무슨 뜻인지 알고 있다

외로운 척
옥상에서 연기를 내뿜으며 남산 타워를
볼 때 그녀를 그리워했는데

문제는 그녀가 매번 다른 사람이란 거지
괴로운 척
멋진 이름을 지을 수 있다
그걸 의미 없는 말로 바꾸기도 하고
도시의 서쪽은 실속 없이 빛깔만 좋지
우울한 척
충혈된 눈의 흰자위
책상 유리에 십원짜리가 붙어 있다
청결한 곳은 집이 아닌 것 같아서

가장 큰 사건은 처음 수음을 했던 겨울방학
잠꾸러기야 일어나 아직도 자니
나이가 든 게야

그들은 아름다움을 팔아서 주택을 사들였어
깃털이 달린 옷을 입고 천박하게 하늘을 날았지
신분을 바꿔치기하고
명복을 만끽하려고

백인 흉내를 내고 여자 흉내를 내고
아 지겨운 낭만주의의 저능

외치다 그리고 속삭이다

　차가운 안개가 다가와 손을 잡을 때까지 생명은 침엽수처럼 날이 서 있다 증오는 가장 달콤한 간식 오후를 풍성하게 한다 역광으로 검어진 얼굴 엄마 품에 안겨 불안한 아이처럼 절규는 방음된 실내에 갇힌다 한숨을 들을 수 있는 유일한 두 귀는 솜이 막혀 있다 말은 의미를 잃고 소음이 되어 석음 사이를 떠다닌다 거울 안에 머리를 빗는 낯선 사내의 빨간 눈과 눈물 노예들이 없어지기는커녕 더욱 늘어나 쓰레기 소각장에 버려진 밀랍인형들 승합차가 부두에 멈추자 여자가 미소 짓는다 담배 연기가 사라지는 곳으로 따라가기 위해

밤은 젊고 그도 젊었다˙

문밖에서 이미 모든 걸 알아챘지 오줌처럼 따뜻한 흉계를
깊은 밤 자동차 불빛이 노려보기 시작했네
악몽은 액자식으로 또 연속으로도 지나갔지
그리고 이명이 들린다
어제 침묵하다 삼층에서 떨어졌어
오후엔 등딱지에서 나와서
즐기고 싶은 마음으로 방 안을 서성였지
노골적으로 촬영했다 사랑이라는 이름의 독점과 탐욕을
깊은 밤은 치마를 올리고 가랑이를 벌리네
달이 지구에 집착하며 춤춘다 그러나 지구는 태양에 사로잡혔다
우리들이 소몰이의 피를 벗을 수 있다면
파이프 담배를 피우는 아저씨 밑에서 성장한 것처럼
예의를 가질 수 있다면
깊은 밤과 언어라는 이름의 통신수단을 분리한다
이식하지 않는다 너를 의식하지 않을 거다 세계를
외롭게 살고 침착하게 죽는다

˙ 윌리엄 아이리시의 소설 『환상의 여자』에서 인용

다락방의 불빛

창밖에 언어의 숲이

책갈피가 넘어간다 검은 배경에 하얀 점선 타자는 종이를 때리며 활동한다 그리고 말줄임표 파티션 너머 일그러진 나무들 대학노트에 가득한 스크랩들 활자의 규모를 모른 채 다가오는 것을 받아들인다 실체가 드러나기까진 응시가 필요하다 자음은 모음을 부르고 기억과 미움이던 것이 괴물이 될 때까지 잠수한 뒤 헤엄치는 노란 물빛 집에 내포된 구부러진 배수관과 동 파이프들 소매는 일한다 꿈도 일한다 아이는 개미 떼를 밟아 짓이긴다 직진하는 자동차가 있는 반면 우회전하는 자동차도 있다 태평양 부분만 보면 지구는 온통 바다다 헤어스프레이나 에어컨디셔너 대신 핵무기를 없애야 세계를 지키든지 구하든지 타인은 늑대도 지옥도 아니고 그저 사격장의 표적 반지를 끼느니 수갑을 차겠어 대도시는 다리 사이에 이빨을 가지고 있다 피가 고인 채 미소 짓는다 파란 얼굴에 부릅뜬 눈

문밖에는 죽음의 늪이

낙원 아파트 15층

소파로 밀려오는 이가 나간 불빛
전등이 비추는 손과 입술 붉고 커다란

그에게는
비서나 간호원보다는 낯선 여자가 필요하다
이웃에서 들리는 불모의 피아노 소리
차분하고 울적한 현악과 지루한 향수
티브이가 관절을 꺾는 시간

'삘딍' 머릿돌이 태어난 1967년 10월에도
나뭇가지가 보이지 않는 것에 휘둘리고
낙엽이 떨어졌다
머리칼이 하애지고 빠지도록
낙엽은 떨어진다
귀가 고장 나고 허리가 휠 때까지

노파심과 영감을 모두 버리게 되는 날이 오면
놀라운 사건이 일어난다

다시 맡지 못하는 축축하고 싸늘한 냄새

　프레이저 스위츠에서 쪽방 골목에서 뛰쳐나오는 바람
　죽어 가루가 되지 않는다면 얼마든지 금욕할 수 있겠지만
　비 개인 아침 보도는 여태 젖어 있고
　교각 아래 더러운 물
　산책을 마치고 돌아오는 그를 맞는 건
　군데군데 박힌 에어컨 환풍 장치들

　전등이 비추는 유두와 귀두 붉고 커다란
　서울의 구는 모두 스물다섯 개
　인간의 언어로 쥐와 바퀴벌레의 번식에 대해 왈가왈부한다

재주를 죽이려면 사랑을

그녀는 도시의 모퉁이에서
괭이처럼 꿈틀대는 밤의 등덜미 위에 서 있지
그가 다른 것을 망막에 담는지
곳곳의 은신처를 뒤진다
그가 사용설명서에 있는 대사를 쓰는지
자신에게 돌아올 생명의 정수를 나눠주는지
그녀는 목록을 내사하고 내역을 검침하지
칼이 숫돌을 만나 번쩍인다
공유하는 것들은 궁창의 비밀조차 못 되고
비천한 집착은 구원을 받을까
그녀는 옆집에 사는 엄마와 매일 상점에 간다
그는 소처럼 웃으며 일어설 줄 모르고
팥앙금처럼 맹한 얼굴과 화해하며
문을 열고 심연의 핵으로 향한다
실험에 성공하려면 그녀부터 소각해야지
거세된 강아지가 밥그릇을 핥으며 짖지 못하는 게
자연의 섭리라고 생각하다니
여자의 잔소리에서 태어난 남자들

머리를 뜯어 먹힌 사마귀
홀로페르네스의 배후에 긴 비가 내린다
예쁜 여자들은 무덤을 만들지•

• The Smiths, 〈Pretty Girls Make Graves〉

세계의 근원

온천에서 본 술잔은 모두 엎어져 있었다

마당의 대나무가 소리를 낸다

까마귀는 고개를 들고 부리를 벌리지만 날지 못한다

육교를 건널 때 비가 떨어진다

구부러진 우산 손잡이 검은 은빛의 파란

노랗게 단풍이 들었다 두 그루

노을을 머금은 차양 불 꺼진 양초

입술은 붉게 물든 바다 빨간 리본

상자를 열면 불꽃놀이

〉

   자욱한 담배 연기가 하얀 배에 퍼진다

   어느새 란에 꽃이 돋아났다

   천장에 매달린 인형이 하나 셋 여덟

해설

이승원과 소년시대!

성기완 · 시인, 뮤지션

대도시는 오늘날 위협적인 재앙이다.

— 르코르뷔지에

1 스포일드 차일드

그 거리의 소년은 스포일드 차일드. 그 아이는 "사랑과 기대의 시선을 등지고 밤거리를 선택한"(「녹턴과 세레나데」) 아이. 무엇이 소년을 망쳤나? 서울이다. 소년은 "서울 아닌 다른 장소에 일주일 이상 머문 적 없"(「Super Moon」)다. 소년이 사는 서울에는 "우울한 불빛과 새하얀 남루가 골목마다 녹아 흐"(「강속구 심장」)른다. 어어? 이거 재미있겠는걸. 왜냐? 나도 서울 토박이거든. 1970년대부터 서울이 어떻게 변해왔는지 나도 다 알아. 스포일드 차일드의 시선에 포착된 서울의 목록을 따라가는 일이 흥미진진할 것 같다는 예감이 든다. 어 이놈 봐라. 소년은 도둑질도 한다.

소년은 호기심이 있어. "호기심은 늘 남의 서랍을 열게 하지"(「수상한 장소, 창백한 냄새」).

못됐네. 소년은 또한 창녀촌을 드나든다. 서울은 매춘의 도시.

청량리

비 오는 저녁
혼자 여관 계단을 오른다
옆방의 교성은 복도를 나팔처럼 타고 울린다
—「Plan B」 부분

청량리? 흠. 요샌 얼마냐? 회현동도 있었고 미아리도 있었고 천호동도 있었지. 천호동은 기독교 신자 여성 경찰서장이 싹 밀어버렸지! 잘했어. 진짜. 아니 진짜루! 게다가 소년은 탈무드를 인용하여 노인을 '원숭이'로 비유한다.

늙은이는 원숭이

아이와 같아지지만

아무도 신경 쓰지 않는다

—「빨간 고무장갑」부분

  원숭이 같은 노인들이 지하철을 타면 득실거린다. 소년도 가끔은 다리가 아플 텐데 어디 다리 아파도 원숭이들 때문에 앉을 수가 있어야지. 서울은 치졸하다. 멋없다. 서울에는 한국말을 쓰는 사람들이 산다. 구남과여라이딩스텔라의 〈한국말〉이라는 노래를 이 대목에서 들어 볼 것. 서울의 "종묘와 사직은 양로원으로 변해 서울막걸리 냄새를 풍기고"(「넥스텔」), '서울이라는 벌집'에는 기식자들이 득실거린다.

벌집은 크고 거뭇하고 단단하였으므로

많은 기식자들을 거느리고 있었다.

—「가족 게임」부분

기식자들에 대한 혐오. 소년은 낙태를 찬양한다.

그거 알아? 출산보다 낙태가 더 예술적인 행위야

귀가보다 가출이 그렇고

—「회현소녀대」부분

그래. 가출하자. 아예 사라져버리자. 서울을 떠나버리자. 나도 서울이 지긋지긋해. 서울이 싫어! 그런데도 왜…… 영영 다른 곳으로 떠나지 않을까? 스포일드 차일드야, 왜 도대체 왜, 너는 서울에 사냐구? 그건…… 서울이 편하기 때문이지. 서울밖에는 더 있나? 나 같은 인간은 어딜 제대로 떠나지도 못한다니까.

> 보스턴 가방을 메거나 버킨 백을 들거나 여기는 서울이고
> 가릴 수 없는 이름은 영수다
> 여기는 서울이다 그리고 너는 영수다
> ―「가족 게임」 부분

서울은 너를 "영수"라고 호명한다. 영수. 아 싫다. 급기야 스포일드 차일드는 자살을 기도한다. 그는 "구두보다 훨씬 싼" 목숨을 "한남대교에서 끝내려 했다"(「Super Moon」). 그런데,

> 눈 오던 밤, 검은 강물이 어서 내려오라고 청했지만 사양하고 혼자 춤추러 갔다. 이후 나의 비겁은 출발했다.(「Super Moon」)

소년은 비겁하기 때문에 살 수 있었다. 비겁하길 잘했

지! 나도 그 시절에 세상을 떠난 친구들을 몇 안다. 한 아이는 화해빵을 맞고 화해한 날 인생을 끝냈다. 화해한 친구와 소주 두 병을 마신 후였다. 또 다른 친구는 술 취해서 전철 위로 올라가 감전되는 바람에 세상을 떠났다. 근조. 그들의 젊은 목숨이 너무너무 아깝다. 스포일드 차일드가 시인이 될 수 있었던 건, 비겁했기 때문이다! 얼마나 잘했니. 비겁하길. 보들레르 옹을 봐라! 이 친구는 청년 시절(아니 일생 동안) 문제아였지. 새로운 인생관을 가지라고 격려하는 부모의 권유로 보들레르는 동방의 인도를 여행하기 위해 캘커타행 기선을 탄 적이 있다. 그때 여행과 이국 정취를 혐오한다며 기선의 첫 기착지인 모리스 섬에서 내려 파리로 되돌아왔다. 이런 시인이 맨날 '엑조틱'을 찾는다! 아편이 그 환영들을 보여주었지.

스포일드 차일드는 궁시렁대는 일을 직업으로 삼고자 한다. 도시에서 궁시렁대는 자=시인. 이 전통을 세운 사람은 방금 말했던 보들레르다. 『파리의 우울』이 1869년에 나왔으니까 140년이 넘었는데도 그 궁시렁댐은 여전히 뜻깊다.

'나는 그대를 사랑한다 오 더러운 수도여 창녀들과 강도들, 이 사람들은 멍청한 속물들이 알지 못하는 쾌락을 엄청 자주 가져다주네!'

이런 궁시렁댐에서 '현대'라는 말, 쿨한 우울이 나왔다. 하여튼 소년은 비겁했으니 궁시렁대기 시작했고, 더 이상 도망칠 곳이 없다. 그렇지. 알바트로스는 갑판 위에서 달아날 수 없고, 소년은 서울에서 완진히 도망갈 수 없어. 가출이라는 것은 '출가'와 다르다. 어른들은 진짜 사라질 마음을 먹고 '출가'하나 소년은 돌아올 수밖에 없는 운명이라 '가출'한다. 제주도 소년은 파도를 거대한 벽이라고 생각한다. 부산 소년은 해운대를 싫어한다. 가출 소년은 멀리 가지 못한다. 가출했다가 전국 야구대회 서울시 예선에 자기 고등학교(그토록 싫어하는!)가 출전한 경기를 보러 오전에 동대문 운동장을 찾았다가 학생주임의 눈에 띄어 죽사발이 되도록 맞은 아이가 나의 친구였다. 아빠가 제발 돌아오라고 빌면 가출 소년의 눈에서 눈물이 난다. 집으로 돌아갔을 때 새까맣게 변한 발을 보고 엄마가 운다. 스포일드 차일드도 울면서 쪽팔려 한다. 서울 소년이 서울을 싫어하는 이유는, 도망갈 수 없기 때문이다. 완전히 도망갈 수 없으면, 좋은 말로 '이사'갈 수 없으면, 무엇을 해야 하나.

 도망칠 곳이 없는 나는 구두나 모으기 시작했다(「와상문」)

  이래서, '취향'이라는 것이 생기는 것이다! 더러운 도시를 배회하며 도시를 사랑하는 취향, 도시의 구석구석을 목록화하는 취향, 도시를 미워하는 취향, 도시에 대한 미움 속에서 새로운 아름다움을 찾는 취향, 이런 것들이 다 도망갈 수 없는 소년의 취향에서 비롯된다. 도망갈 수 없으니 지지고 볶으면서 미워할 수밖에 없지! 이 취향 역시 아편쟁이 보들레르 형님이 세계최초로 '지대로' 보여주셨지.

2 계모

하긴 서울의 소년이 안 그러기를 바라는 것이 더 이상할 수도 있다. 성장하는 동안, 소년은 자신보다도 더 빨리 이상발육하고 이레이저헤드 같은 태아를 쏟아내는 서울의 성장을 목격했지. 디자인 서울? 지랄. 서울은 정확히 말하자면 폐허다. 재개발은 그 폐허를 조장하고, 그 폐허는 곧 디자인 서울의 고층 임대아파트로 변한다. 청계천? 웃기고 자빠졌네. 서울은 가짜다. 우리가 사는 서울은 가짜를 목록화하고 있다. 어쩌면 시인은 몇십 년 동안 똑같은 과정을 후렴처럼 반복하고 있는 서울에 관해 좆같이 말하기 위해 스포일드 차일드가 됐나 보다. 스포일드 차일드, 너를 키운 서울은 '폐허의 섬'이다.

    건물의 사체가 먼지를 머금고 아직 직립해 있을 때
    썩지 않는 생선 꼬리를 맡으며
    나는 누구의 이름을 생각해냈던가
                               ―「폐허의 섬 파르티타」 부분

폐허가 된 그 거리에서, 소년은

    (…) 낯선 사람을 미워하고
    잘 모르는 사람도 미워하고
    곁에 있지도 않은 사람을 미워하고 이젠 옆에 없는 사람을 미워한다
    소년은 그 거리에서 갖고 싶은 것들이 많고
    가진 것을 더 원하고 가진 것을 다시 원하고
    가질 수 없는 것을 원하고 세상에 없는 것을 저리게 원한다
                                     ―「그 거리」 부분

  소년은 '미움'을 마음속 깊이 간직하고 있다. 어쨌든 소년은 미워한다. 미움=스포일드 차일드의 기본 덕목.

  차가운 안개가 다가와 손을 잡을 때까지 생명은 침엽수처럼 날이 서 있다 증오는 가장 달콤한 간식 오후를 풍성하게 한다(「외치다 그리고 속삭이다」)

미움은 이유 없는 반항이나 폭력으로 성장한다. 소년
은 분노와 증오를 '성장'과 동의어로 취급한다.

> 성장은 키가 크고 목소리가 굵어지는 것이 아니지
> 파릇하게 분노가 자라고 날개처럼 증오가 홰를 친다
> 이내 손위 불량배는 비둘기의 목을 꺾는다
> ―「마이클 제라드 타이슨」 부분

시집에 '주먹'이라는 낱말이 여러 번 나온다. 방금 인
용한 시에서도 등장하긴 하지만,

> 이민자들의 거리에선 저렴한 간판과 일시적 생활 사이로
> 술에 젖은 손가락이 주먹으로 변한다(「무책임한 함박눈」)

라든가,

> 인간의 육체는 둔기다 주먹과 발을 보면(「오즈의 앨리스」)

이라는 둥, 하여튼 소년은 주먹을 좋아한다. 당연하지
주먹은 소년의 상징. 일부러 라디에이터를 주먹으로 쳐
서 너클을 단련시키는 소년이 주간 야간 공고를 막론하
고 서울 어디에나 있다. 시인 중에도 그런 훈련을 한 시

인들이 있을 것이다. 내 예상으로는 강정이나 이준규 같은 시인은 틀림없이 주먹단련 시기를 보냈다. 안 그래? 아님 말구.

자, 이 미움이 도대체 어디서 왔을까? 물론 서울에서 왔다. 서울에서 살기 때문에 미워하게 되었다. 서울은 친구를 죽였다. 스포일드 차일드의 친구는 '쥐'였다.

> 자 이제 폭설 납작해진 쥐의 시체를 보며 옛 친구를 떠올렸다(「무책임한 함박눈」)

> 배수관 세관제 세례를 받은 생쥐의 주검(「카고 컬트와 달콤한 수채」)

이 정도면 미움이 마음에 제대로 자리 잡을까? 조금 약하다. 알고 보니 이것보다 더 근원적인 게 있다. 서울 소년은 일기장에 미움의 근원을 일부 밝힌다.

> 11월 13일 일요일
> 이웃집 장화 네와 우리 집엔 계모가 산다
> 불법 영상물보다 무서운
> 그러니까 40년 된 우리 아파트는 거대한 괴물이다
> 안전진단 D 받았는데 아마 그 때문인 것 같다

골조는 멀쩡한데 옹벽이 문제라니
바로 우리 가정에 대한 은유다
난 쫓겨났고 장화는 제 발로 나왔다

—「회현소녀대」 부분

그렇네. 스포일드 차일드는 친엄마가 없네. 친엄마는 이미 세상을 떠났다. 스포일드 차일드답게 엄마의 장례식에 빨간 신발을 신고 간 소년.

엄마 장례식에 빨간 컨버스를 신고 간 나는 유명해졌는데
신발이 한 켤레니까 그렇지 바보들
엄마 유언은 잘 어울리는구나 였어

—「회현소녀대」 부분

스포일드 차일드에게는 엄마가 없구나. 친엄마가. 소년은 "새엄마"라는 말을 싫어한다. 대신 "유사엄마나 모조엄마라고 불렀으면" 한다. 반면, 어렸을 때는 꽤 유복했었나 보다.

초등학생 때 일요일이면 백화점 식당에서
어린이 런치라는 이름의 음식을 먹었지

—「인더스트리아의 시민」 부분

그래. 그 시절에는 백화점 레스토랑이었지. 나도 어느 백화점 레스토랑에서 크림 수프와 오므라이스를 먹었던 기억이 있다. 어린이 런치, 말만 들어도 얼마나 정다워! 그런데 서울이라는 도시는

> 어째서 포주 따윌 엄마라고 부르는가(「E대생을 위한 발라드」)

새엄마의 도시, 아니 모조엄마나 유사엄마의 도시는 포주 따위를 엄마라고 부르는 도시다. 이 도시에서 가짜 엄마는 소년의 피를 빠는 흡혈을 조장하는 포주다. 그래서 "핑크는 어머니 같은 것은 진작 배제해나갰"(「음악이 있는 곳에 나 있네」)고 소년은 차라리 이렇게 단언해버린다.

> 그리고 내 어머니는 남자다.(「Super Moon」)

3 소녀취향

이렇듯 소년의 미움에는 뿌리 깊은 무언가가 있다. 그러나 보자. 물론 근본적으로 소년의 '미움'을 기른 배후가 있기는 하지만, 소년에게는 미움 역시 취향이다. 어쩌면 소년은 누군가를 미워 '해야만' 하는지도 모른다. 미워해야 소년이다. 미움이 없는 소년은 바보다. 복수와 배신,

뭐 그런 것들이 소년에게는 '사랑'보다 멋져 보인다. 친구와 '의리'를 나누기 위해서는 반드시 누군가를 미워해야 한다. 어쩌면 미워해야만 하는 것이, 복수해야만 하는 것이 '소년취향'일지도 모른다. 소년취향을 지닌 소년에게 사랑은 '소녀취향'이다. 스타일화된 서정성, 소녀취향은 소년에게 당연히 경멸의 대상이다. 아니 최소한 소년은 그것을 경멸하는 척한다. 소년은 소녀취향을 경멸하는데 소녀취향을 가진 '소녀'는 사랑한다. 그래서 시인의 말대로 소년에게 "사랑은 난제"(「강속구 심장」)다. 아, 사랑은 복잡하다. 크라잉넛의 〈말달리자〉의 가사처럼 '사랑은 어려운 거야 복잡하고 예쁜 거지 잊으려면 잊혀질까 상처받기 쉬운 거야 닥쳐-닥쳐-.'

이 대목에서, '미움'이 스타일이나 취향 아닐까, 하는 의문이 고개를 든다. '사랑'을 믿지 않는 소년,

> 사랑은 참고 믿고 용서하는 것이 아니다
> 질투와 의심 배신과 분노가 사랑이다
> 모두 그렇게 하고 있지 않은가
> ―「137억년과 100분쇼」 부분

이곳의 용설란은 가난이나 사랑 따위보다

싸움 질병과 악취를 먹고 한 뼘씩 자란다

—「E=MC^2」부분

그러나 동시에,

잡지의 화보를 오리면서 긍지를 가지는 여자라니
나쁘지 않을 것 같다
눈을 가린 앞머리와 함께라면

—「끝나지 않는 노래」부분

아이고 이뻐라. 어찌 이런 이쁜 시를 쓰냐. 구분해보자. 소년은 '소녀취향'을 극도로 싫어하지만, '소녀'는 사랑한다. 소년은 난폭함과 폭력을 동경하는 척하지만 진짜로 동경하는 것은 소녀일 수도 있다. 아니, 어쩌면 '소녀취향'이라는 악의 소굴에 빠진 '소녀'를 구해내야 하는지도 모른다. 소년은 소녀를 구하려 한다. 야 소년아, 너 소녀를 구해야 하니?

소녀는 정지되어야 해 추악하게 변하는 건 참을 수 없다
(「미야자키 쓰토무의 방」)

소년아, 이 내러티브야? 이 내러티브라면…… 순정만

화냐 폭력만화냐의 차이뿐인가? 물론 이 내러티브는 소년-시인에 의해 '활용'된다. 증오와 복수를 취향화하는 '소년취향'이라는 칼로 '살해'당하고야 마는 복수의 대상이 있는데, 그것은 다름 아닌 '소녀취향', 다시 말해서 '서정시'다.

침실의 여학생을 자극하기 위한 작품이 왜 나쁜지 모르지?(「137억년과 100분쇼」)

반지를 끼느니 수갑을 차겠어(「다락방의 불빛」)

반지를 수갑으로 환유하는 소년. 소년과 서정시와의 대결. 그것을 통해 소년은 이 흡혈의 도시에서 매음녀로 전락할 위기에 처한 소녀를 구하려 하는가? 소년은 서정시라는 적에게 이런 욕설을 퍼붓는다.

아 지겨운 낭만주의의 저능(「카고 컬트와 달콤한 수채」)

그리고 멋지게 한 방 쾅!

환풍기가 꽃봉오리보다 아름답다(「연옥 영웅교향곡」)

4 방

스포일드 차일드의 내러티브가 만화적인 라인을 따라가는 것은, 그것이 길에서 얻어진 것이 아니라 '방'에서 길러진 것이기 때문이다.

> 6000개의 비디오테이프는 16년어치의 생활 방정식
>
> 2199년 바다는 증발했다
> 우주전함 야마토와 하록 선장은 방사능 제거장치를 구해오라
> 그것은 여자아이의 몸속에 있다
>
> 방은 사이타마보다 혼슈보다 넓은 스페이스 콜로니
> 바깥에는 아름다운 세계를 해치는 공구들이 날뛴다
> ―「미야자키 쓰토무의 방」 부분

그 거리가 방의 취향으로 소년을 교육시킨다. 우리 때는 소년에게 방이 없었지만, 지금의 소년에게는 방밖에 없다. 방은 취향의 산실.

> 난 지금 뭘 할까

방 안이 몇 년째 달린다
　　　　—「야간 고속버스 스테레오 일대작」 부분

　소년은 방에서 포르노를 보기도 하고, 자위를 하기도 하며("서랍 가득 버려진 휴지가 목련처럼 흐드러졌어"(「수상한 장소, 창백한 냄새」), 책을 읽기도 한다. 소년은 취향이 가능한 시대에 태어났다. 소년은 "물건을 모아본 일이 있는 사람은 알지 / 하나의 수집품은 열 개의 수집품을 부른다"(「미야자키 쓰토무의 방」)는 걸 잘 알고 있다. 그 거리는 흡혈의 거리, 그러나 흡혈의 거리를 떠도는 자본은 소년의 주머니에도 들어가 소년은 물건을 방에다 모을 수 있다. 취향은 그처럼 이율배반적이다. 취향의 내용이 박살 내려는 것들이 오히려 취향을 길러준다.

　꼭 이 내러티브만 있는 건 아니다. 이쯤에서, 가령, 약간 비틀어, 소년이 사랑에 이르게 되는 과정을 다른 내러티브로 정리하면: 그 거리의 '계모'는 소년을 거리로 내쫓는다. 소년은 그 거리의 더러운 바람으로 모래성 같은 형이상학을 만든다. 또는, 그 거리는, 폐허가 된 건물의 욕조에 가득 고인 더러운 물이나 썩은 쓰레기 냄새로 소년에게 비장미를 가르친다. 소년은 스포일드 차일드. 그 거리는 소년을 망친다. 소년의 감각과 운명은 꼬인다. 그 거리는 소년에게 보는 법을 알려준다. 아름다움은 뒤틀린다. 그 거리에서 소년은 소녀를 만난다. 또는 산다. 팔리는 소녀들을 본다. 또는 맛본다. 아니, 소년은 소녀를 만나기 이전에 포르노를 본다. 일곱 살 때부터 빨갛게 발기하는 소년의 성기. 소년에게 이 거리의 지도는 성기와 그 부근의 지형으로 파악된다. 그 맛보기를 통해 소년은 사랑을 알게 된다. 그 거리가 가르친 사랑은 '포르노'다.

> 노골적으로 촬영했다 사랑이라는 이름의 독점과 탐욕을
> 깊은 밤은 치마를 올리고 가랑이를 벌리네
> ―「밤은 젊고 그도 젊었다」 부분

5 목록

모든 도시는 관할 공간에, 그리고 그 안에 사는 거주자들에게 등록번호를 요구한다. 사전(辭典)의 내러티브에 논리가 없듯, 1, 2, 3이나 가나다, 또는 abc로 분류되는 관할 공간과 거주자들의 목록에는 필연성이 없다. 거기에는 그저 순서밖에 없다. 아니 순서도 없다. 도시는 목록이다. 거대한 스크랩이자 사전이다. 목록 안에 있는 수많은 사람의 이름, 거리의 이름, 건물의 이름, 법인의 이름은 그저 득실거릴 뿐이다. 그것이 우리가 말하는 도시 속의 공존이다.

6819098인지 8606189인지 알 길이 있나 작은 흰 종이(「비의 은신처」)

　이승원의 시들은 '목록'으로 읽어야 한다. 그의 시에서 시어의 의미적 연결을 보장하는 그럴듯한 논리나 밑그림을 파악하는 일은 그리 쉽지 않을뿐더러 (정신분석학 같은 걸 동원하면 그것이 발견되리라), 그렇게 읽는 것이 그가 독자에게 바라는 것도 아니라고 생각된다. 그런 밑그림은 그저 허상일 뿐이다.

　　별 의미는 없다(「끝나지 않는 노래」)

　이승원이 그렇게 쓰고 있다. 의미를 찾는 글쓰기가 아니라 목록을 적는 글쓰기다. 목록을 적는 글쓰기에서 문법은 무시된다. 다음의 시가 그 예다.

　　타일에 묻은 수증기 미끈거리는 비누 등이 예쁜 여자 나이는 언제 광란의 밤이라는 프랑스 노래 과잉으로 듣는 이를 유쾌한 수치로 물들이는 제목(「강속구 심장」)

　쉼표의 생략, 서술어의 건너뜀, 우발적 연결, 의도적 비문이다. 이 도시의 형성 원리 자체가 우발적이고 단속

적이고 단절적이고 비문법적이다. 취향을 기른 소년이 문법을 무시한다. 스포일드 차일드는 영리하다! 문법을 지키면 스포일드 차일드가 아니지! 그가 이 도시에서 할 수 있는 효과적인 부정이 탈문법적으로 스크랩된 '목록'을 통해서 가능해진다. 20세기 중반 이후 사람들은 이 취향에 '어버니즘(Urbanism)'이라는 딱지를 붙인다. 기드보르의 상황주의는 이러한 젊은이들의 도시 취향을 새롭게 해석하고, 거기에 적극적이고 혁명적인 의미를 부여했다. 도시라는 것은 하나의 '주어진' 억압적 시스템이다. 거기에 대항하는 방법은? 도시를 박살 내는 게 아니라 도시의 시스템을 역이용하고 그것을 '개인적'인 차원에서 작게 오작동시키는 개인적 네트워크를 제시하는 일이다. 그래서 자기들만의 지도 만들기, 어른들이 모르는 어떤 방구석에서의 집단적인 위반 등등이 시스템에 대항하는 일이 된다. 이승원의 이번 시집은 '스포일드 차일드'의 시선으로 때로는 자전적으로 때로는 객관적으로 흥미진진한 도시적 취향의 목록을 제시한 대표적인 사례가 아닐까 생각된다. 이승원이 보여주듯, 이제 시는 쓰여지지 않고 하이퍼하게 구성된 목록의 제시를 통해 '발생'된다.

6 스크랩

이 못된 아이가 스스로를 '지옥'에 있다고 설정하면서 도시와 자신을 분리하는 시적 태도를 보여줄 때는 매우 냉정하고 의젓해 보인다.

　　지옥에 남은 국외자. (「Super Moon」)

　지옥에 남은 국외자는 도시의 목록을 동사무소의 방식으로 제시하지 않는다. 국외자의 목록은 '스크랩'한 그것이다. 이 점이 매우 중요하다. 스크랩 역시 항목 사이의 논리적 연관을 지향하지 않는다. 그래서 어떤 면에서는 너절해질 수 있지만, 동시에 바로 그 점 때문에 담백해진다. 이 점이 이승원의 신선한 대목이다. 지난번 『어둠과 설탕』에서도 많은 부분이 그랬지만 이러한 탈의미화는 이미지와 이미지, 행과 행, 연과 연의 하이퍼링크를 가능하게 한다. 그의 시는 읽히기보다는 검색된다. 검색하듯 읽는 것, 우리는 그의 시를 그렇게 읽고, 그는 그의 개인사가 그려진 도시를 그렇게 '읽는다'. 도시는 읽힌다. 그것이 그의 시를 읽을 때의 즐거움이자 그가 도시를 배회하면서 시를 쓸 때의 글쓰기의 요점이다.

대학노트에 가득한 스크랩들(「다락방의 불빛」)

대학노트에 가득한 스크랩은 사실 도시 소년의 모든 것이다. 이승원은 강요되다시피 제시되는 도시의 목록을 자기만의 방식으로 재분류하는 과정을 통해서 도시와 그 시스템의 공격에 저항한다. 이것은 의미 있는 문화적 저항이다. 이승원에게는 자기 목록을 만드는 과정이 시적 실천의 과정이고, 그 목록이 이승원의 '목소리'이고 그 목소리의 현존에 의해 세계(다시 말해 도시)는 시적 자아와 불화의 관계에 놓인다. 이승원은 이전 시집 『어둠과 설탕』의 '시인의 말'에 이렇게 적고 있다.

> 시는 세계와의 관계를 위해 목소리의 빈곤을 택하는 것을 거부하고 오히려 목소리를 내기 위해서 관계를 무시하는 행위를 수반한다. 분방한 언술은 세계를 부정하고 자아와 분리하는 시점에서 **발생**하는 것이다.
> ―『어둠과 설탕』 시인의 말(강조―인용자)

분방한 언술, 다시 말해 '시'가 '발생'한다는 표현이 매우 중요해 보인다. 이승원에게 시는 집필되거나 육화되기보다는 '발생'된다. 언제 발생하나? 분방하게 떠들 때 발생한다. 이때 언술의 문제, 발화의 문제가 등장한다. 도시에서 대상은 자연스럽게 존재하지 않고 텍스트적으로 존재한다. 도시의 산책자는 자연의 산책자와 다르다. 도시에 새겨진 수많은 텍스트들이 도시의 자연이다. 그 텍스트를 인식하고 개인적으로 '목록화'하는 순간, 소년의 시는 발생한다.

창밖에는 언어의 숲이(「다락방의 불빛」)

그래서 소년의 창밖에는 언어의 숲이 있다.

7 느린 파국

'세계를 부정'하는 행위는 그 언어의 숲을 '읽을 때' 발생한다. 풍경은 그에게 '언어의 숲'이다. 언어의 숲은 쉽게 목록화된다. 그렇게 '분방한 언술'이 발생하는 순간 소년은 시인으로 재탄생하고 국외자가 되며 도시라는 '지옥'을 뒹구는 소년은 그 지옥을 바라볼 수 있게 된다.

지옥에 남은 국외자가 본다. 산책한다. 듣는다. 곱씹는다. 적는다. 그것은 그 거리에 사는 소년의 존재 이유. 소년은 그 숲에서 기억한다. 숫자들과 야릇한 감상을 불러일으키는 복고풍의 어휘들을. "'뻴뎡' 머릿돌이 태어난

1967년 10월"(「낙원 아파트 15층」), 그 숫자들은 도시의 묘비명에 새겨진 불멸의 신호들이다. 서울의 구는 모두 스물다섯 개. 소년은 "일어나 일기를" 쓰며(「그 거리」), "인공물이 자연에 근접하며 낡아가"는 것을 관찰하며(「폐허의 섬 파르티타」), 그렇기 때문에 폐허를 자연에 가까운 것으로 파악하며, 따라서 그것이 차라리 새 건물보다 이 도시의 대안이 되며, 그와 같은 이유로 '악취'를 사랑하며, 썩은 바람을 동경하고, 흉가를 음미하며, 왠지 부산을 좋아하고, 프랑스를 멋진 이국 취향의 고향으로 생각하고(세르주 갱스부르), 결국 잠실야구장 부근의 녹지에서 목 놓아 울려 퍼지는 응원가를 배경 삼아 도시적인 것들의 신비스러운 변용을 목격한다.

> 목 놓아 부르는 격한 노래가 야구장에서 들려온다
> 번쩍이는 야간 조명
> 공원의 녹지에 숨어 있는 죽음의 의도와 생의 비밀
> 길의 끝에서 무엇을 만나게 하는가
> ―「동쪽 도시」 부분

스포일드 차일드, 이승원은 이 가짜피 넥스텔의 도시의 대안으로 '느린 파국'을 제안한다.

다시 생각해보면—그게 느린 파국일 수도 있겠다(「천칭좌의 해체적 교감 관광쇼」)

느린 파국은 빈집의 아름다움이고 어둠에 돋친 가시이고 결국은, 소년을 시인으로 길들인 '어둠'이다.

그 주택가 그 집 만이천 개의 하루를 보낸 방문객이 거실에 서 있다 그에게는 얼굴이 없다 가구들의 냄새가 서로 부딪친다 전화벨이 헛기침처럼 한 번 울리고 끊어진다 벽에 걸린 그림은 그믐이다 차가운 빛이 감돈다 잠겨 있지 않지만 서랍은 결코 열리지 않는다 거실에 보이지 않는 생명체의 냄새가 흐른다 절단된 국화가 물속에 담겨 있다 가시는 식물에만 나지 않는다 공기 중에 있다 전화벨이 한 번 고양이처럼 울고 끊어진다 수화기를 들면 두 사람의 대화가 희미하게 들린다 암흑은 연결되어 있다 아무도 없지만 누군가 있는 방들 어둠이 손잡이를 만지작거린다 옷가지나 가구가 얼굴처럼 보이기 시작한다 마당에서 감나무가 바람소리를 낼 때 계단은 차갑게 웃는다 텅 빈 상자가 상악(上顎)을 열고 있다 자동차는 어디로 사라졌는가 사차선 차로에서 급정거 음을 내고 있는가 전화벨이 단말마처럼 울리고 끊어졌다

—「258번지의 차고」 전문

서울이라는 도시의 스크랩. 그 목록을 구성하는 사물, 사랑, 증오, 저버림의 불가해한 단절과 접속을 이해할 때까지, 서울의 잔인한 풍경들이 미세한 잔상으로 남아 아름다움으로 변하는 변성용(transfiguration)을 이해할 때까지, 소년은 세계의 근원으로 걸어간다. 또는 처음부터 근원이었던 이 치졸한 일상을 배회한다. 박태원이 패배와 굴욕과 근대화의 허상이 새겨진 1930년대의 서울을 배회하면서 구보씨의 목록을 제시했듯, 이승원은 자본주의와 쓰레기와 가짜 디자인이 나뒹구는 2010년대의 서울을 배회하면서 소년의 목록을 제시한다.

문예중앙시선 010
강속구 심장

초판 1쇄 발행 | 2011년 11월 8일

지은이 | 이승원
발행인 | 김우석
편집장 | 원미선
책임편집 | 박민주
편집 | 박성근
마케팅 | 공태훈, 석평자

디자인 | 오필민디자인
인쇄 | 영신사

발행처 | 중앙북스(주)
등록 | 2007년 2월 13일 (제2-4561호)
주소 | (100-732) 서울시 중구 순화동 2-6번지
전화 | 1588-0950
홈페이지 | www.joongangbooks.co.kr

ISBN 978-89-278-0272-3 03810

- 이 책은 중앙북스(주)가 저작권자와의 계약에 따라 발행한 것으로서 저작권법으로 보호받는 저작물이므로 무단 전재와 무단 복제를 금지하며, 이 책 내용의 일부 또는 전부를 이용하려면 반드시 저작권자와 중앙북스(주)의 서면 동의를 받아야 합니다.
- 잘못된 책은 구입처에서 바꾸어드립니다.
- 책값은 뒤표지에 있습니다.